U0029573

台灣的東南亞田野故事

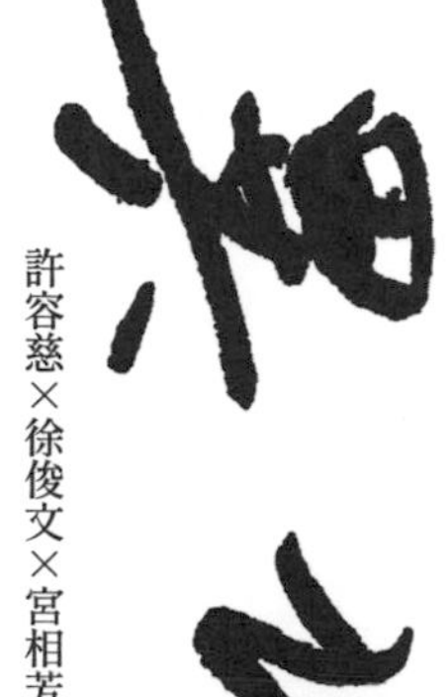

許容慈×徐俊文×宮相芳×黃素娥×譚氏桃×李盈萱

主編——高雅寧

目次

【遷移 vs. 認同】

【教育 vs. 家庭】

【空間 vs. 信仰】

尋找一間家鄉的寺廟：越南、移民、普悲寺／譚氏桃（黃馨慧譯）—— 163

成為台灣公民，是他們為了謀生和改善經濟地位需要有的好運氣，然而，他們本質上仍然是越南人。他們需要彰顯這種身分。寺廟或多或少為他們提供了物質和精神條件，來實踐這個身分。

【志工 vs. 田野】

什麼是田野？當國際志工遇上田野調查／李盈萱 —— 203

由志工開始的田野是崎嶇的、是缺少準備的，甚至可能有著潛在的倫理問題。但志工開始做田野後，會開始對地方產生不同的認識，藉由參與社區活動，和原本的志工活動產生呼應，也能讓志工團在看見社區各種面向和實際狀況後，依據現況調整服務方案，對於「服務設計」、「課程教學」、「志工倫理」、「反思」，都是利大於弊。

推薦

田野工作者的「異地」與「安身」逐字熟成的田野故事

陳如珍（人類學家）

《異地安身：台灣的東南亞田野故事》是一本青澀之書。

我在閱讀這本書稿時，青澀這兩個字不斷地浮現在我的腦海裡。青澀除了是還不夠甘美的，也是充滿可能性的、變化中的，就要大放異彩的。

對喜歡自我批評的田野工作者而言，每個田野都是一段不停復返的過程：像是超級瑪利歐遊戲，奔向終點、拿到星星、然後發現新世界，又開始一段新的追求與破解。而能夠這樣一直興味盎然地奔波，鍾情的正是一種不停展開的可能性。

雖然人類學家常說「沒有做完的田野，只有離開了的田野」，但多數的田野紀錄或民族誌寫作，寫的還是「完成了的田野工作」，除了少數例外，《田野的技藝》就是其中之一（本書二〇〇六年由巨流第一次出版，二〇一九年由左岸文化重出新版）。如果說《田野的技藝》是台灣的人類學與社會學研究者，首度打開長期田野研究的「後台」，介紹了研究者走出試煉的隧道、「轉大人」的過程，《異地安身》則描述了一個更早的階段：一個或勇敢、或迷惘地走進隧道，在突然失去線索的黑暗中睜大眼看、屏氣凝神，既膽怯又忍不住好奇的青澀階段。

一頁一頁閱讀的過程中，我在文字裡好生動地看見那些在熟悉的地方竟然迷路時的猶豫步伐、面對陌生人想要開口又不知以什麼樣的口氣聲調說話的欲言又止，還有初次踏出舒適圈和背景不同的人共作時的無所適從。讀完全書，我小心翼翼地拿著書稿，心裡感謝高雅寧老師和她的學生們把這一本「師生習作」和大家分享。我相信本書往後一定會在大學的方法課上、或是在初上田野的工作者的行囊裡，陪伴大家一起摸索前行。

＊＊＊

這本書包括五個田野故事。

許容慈是在台北生活的大學生，在她的田野故事中，結婚來台的福州女性理髮師的經歷與她自己家庭中女性的故事一再交錯。從文章一開始，容慈就點出自己對人的來處、與身分建立的好奇。透過對女理髮師 Tina 逐漸深入的仔細觀察與兩個人的對話，她慢慢在田野中看見自己、甚至是成為新的自己的可能性。在這篇文章中，雖然敘事者只有容慈一個人，我們卻彷佛能聽見她和 Tina 叨叨絮絮的對話；在對話中，兩個人的形象都一層一層地變得鮮明。

徐俊文以台灣客家人的身分去越南北部尋找說著客語的倕人。在不長的章節中，我們已經看見他一步一步蛻變為一個自信的田野工作者：從一開始進入田野時被蒙蔽差點失去重要的金錢、到神奇地找到可靠的團隊時的眼淚，及至故事結尾時，已經是一個慧黠的研究者，能以「一曲換一曲」的提議，打開報導人的歌聲。此外，俊文田野的重心也從尋找一個想像中的「親族」，逐漸蛻變為追索在同一條逃難的道路上走過的人們。文章雖然寫完，但俊文留下了這研究未完的體悟。

如果容慈和俊文的文章，讓我們看見了報導人與田野觀察者的「現身」，宮相芳側寫越南外籍研究生黃素娥在台北遇見越南移民跨國銜轉生的故事，則讓我們明白了「尚未安身」的狀態。因為是側寫，相比於本書的其他章節，這一章比較沒有生活細節的「看見」、與田野觀察者的「感受」。再加上章節敘事是由數位大小跨國生的故事組成，因此在段落與段落之間，特別有種浮動未定的感覺，相當契合「跨國生」這個身分本身的流動感。素娥很清楚地指出：即使同樣都是出身越南、同樣有跨國生的處境，但是每個人的經歷都不同，要怎麼樣避免把自己的感受投射到報導者身上，是她重要的功課。其實素娥的這個領悟對所有的田野工作者都是重要的：塵埃未定的身分，不一定要是焦慮的來源，也可以是田野工作能緩緩、穩定地展開的關鍵。

從相芳與素娥的這一章開始，本書也轉進對「家」是什麼的探究。

越南籍研究生譚氏桃的文章對家的現身寫得特別的細膩。她原本是想探究移民社群的宗教空間，但卻在走入為越南籍佛教徒提供宗教與聚會空間的普悲寺之後，發現這不只是一間佛寺，同時也是許多越南籍移民象徵性的家。一方面寺廟提供了家鄉的語言、食物與人情，另一方面佛經的哲理與同鄉的支持，提供了在異鄉穩定的力量。譚氏桃寫得最好的部分是看見這個家的過渡性（也是一種轉銜空間？）：對於新來、還不能安生的移民，這裡提供了必要的支持與底氣。一旦適應了在台灣的生活和語言，有了新的人際關係之後，寺廟作為被依賴的家鄉的功能就會淡出。在這裡，寺廟像是子宮一樣，保護了一個身分的成熟與落地生根。

如同譚氏桃在皈依普悲寺之後，透過日常的參與，感覺到自己成為「圈內人」，李盈萱在離開國際志工的慣常和舒適圈之後，也慢慢成為泰北美斯樂田野地的「自己人」。盈萱在反思國際志工的實踐上有許多反覆、嚴厲的自省。寫到她硬著頭皮「走入社區」和洪阿姨相遇、跟著打歌團一起跳舞、從尷尬到跟上舞步的過程時，整個故事好看了起來。繫上紅線那一段的情感深刻，展現了民族誌寫作的能量，也足以說服讀者為什麼往後幾年，盈萱會拚命地努力、希望透過地方調查去找到在美斯樂長期投入的工作計畫。

盈萱的寫作中很感人的地方是：讀者大概可以從她對國際志工實踐的檢討中，看出她是一個喜歡有計畫、有目標去努力的年輕人。但她在承接了洪阿姨和田野地其他人的善意之後（「被服務」），卻能夠轉而接受不確定的、沒有一定終點的工作方式：先梳理文史和聆聽當地的聲音，允許長期計畫的面貌慢慢浮現。我想這是因為她心裡已經認定了自己不再只是外人，已經在異地找到了身分，因此可以有慢慢來、有犯錯、試誤，甚至是半強求當地人與自己互動的空間。

＊＊＊

讀完這些章節，我慢慢地咀嚼著異地安身這幾個字的味道：異地安身，異地安生。

在這本書中的「異地」概念豐富，非常適合人類學的初學者借以探索「田野地」、「異文化」的意思。從這五個田野故事中，異地可以是如同異托邦般的普悲寺、可以是留學生與婚姻移民或移工之間的區隔、可以是華文學校之外的「社區」、也可以是數十年無法釋懷的難民與族群身分。「安身」則很明顯的是因為走出舒適圈之後，關係蔓生，讓新的身分滋長，彌合了原先的差異。容慈成了Tina阿姨理容院沙發上的常客，除了阿姨，其他的客人也會相應調整他們在這個空間的行為。俊文不再需要透過服裝來扮演當地人，而在重複探訪婆婆和偏鄉爺爺、理解他們的處境之後，自然地成為越北侀人生活裡的一分子。素娥透過協助小跨國生，在努力成為移民與台灣橋樑的過程，讓自己也更成為這個新家的一塊基石。譚氏桃皈依成了佛教徒並積極參與寺廟相關的活動，因而在台灣有了一個新的越南家鄉群體的歸屬。而盈萱接受了洪阿姨的邀請和紅線，於是她「不想他們只做我生命裡的流星」。因為這樣的想望，所以努力去滋養了新的關係、獲得了新的身分。

雖然高雅寧老師謙虛地稱這本書為「師生習作」，但我覺得《異地安身》的故事，提供了人類學田野工作者兩個很好的體悟。

一個是透過研究者與移民的不同，更看清田野工作者的本質。

移民在努力找到安身之所時，接下來的目標應該就是要安生：如同Tina阿姨一樣，

「反正來了就來了啦」，好好過日子，成為移入社會的一分子。但這不是人類學者的目標，所以譚氏桃和普悲寺其他的越南信眾還是不同：她既是圈內人，感受到自己和其他人沒有不同，也是研究者，所以還帶著一個旁觀、反思的眼光。人類學家保羅．史托勒在《介乎之力：一趟人類學的奇幻旅程》中藉著西非老人常說的話「即使一根木頭在水裡漂流了一百年，它也不會變成一隻鱷魚」，來點出人類學家永遠不會，也不應該希望，成為百分之百的「當地人」。[1] 雖然不會成為百分之百的當地人，但是這種「介於其中」的身分卻非常強大：可以幫助我們看見身處一個社會往往看不見的社會與文化結構。這一點可以說是田野工作（與田野帶來的身分轉換）的力量。

另外一個體悟是關於寫作。

因為有幸為這本書寫推薦序，我陸續看過幾位作者不同時期的文章版本。每一次

1 Paul Stoller. *The Power of the Between: An Anthropological Odyssey*. (Chicago and London: The University of Chicago Press, 2009).

的修改都讓我感到驚豔。好像孜孜不倦吐絲結網的蜘蛛，隨著故事的細節一點一點地修訂，不僅是讀者看到了更吸引人的文字，同時，寫作者本身也更清楚地明白了田野中帶回來的領悟是什麼、下一次要問的問題是什麼、下一個待融入的異地在哪裡。

青澀的滋味，在一字一句的刻畫間，逐字熟成。

寫在前面

高雅寧

二〇一五年秋天，我開始教授政治大學民族學系大二的研究方法課程（以下簡稱「方法課」），規畫運用十年時間帶著學生一起認識台北、新北兩大城市的東南亞移民工社群，當時立下的宏願是「十年完成雙北十個移民工社群誌」，第一站是俗稱「緬甸街」的新北市南勢角華新街。選定華新街原因有二，第一是有人脈，第二是台灣研究者已累積了不少緬甸華人研究成果，像是翟振孝的博士論文《遷移、文化與認同：緬華移民的社群建構與跨國網絡》、張雯勤聚焦滇緬跨境華人的專書《Beyond Borders: Stories of Yunnanese Chinese Migrants of Burma》。當年由燦爛時光書店長工吳庭寬牽線，並在張正與廖雲章夫婦的支持下，以書店為調查基地，正式開啟政大民族學系學生緬甸街田野調查。

這堂方法課會邀請華新街居民兼導覽員楊萬利小姐幫學生導覽。有一組學生的期末報告選擇訪談楊爸爸，發現他們的家族故事非常豐富，報告完成後還親送了一本給楊家。大二學生青澀的作品，大概也是鼓舞著楊萬利成為在／駐地田野工作者的重要原因之一吧。方法課旁聽生江婉琦也加入萬利的「緬甸街」團隊，慢慢克服剛開始做田野的羞澀，跟團隊夥伴一起火火熱熱地做調查、辦刊物、架網站等等，做得有聲有色。方法課開課的前一、兩年，因修習方法課到緬甸街進行調查的學生徐俊文與黃馨慧，後來成了本書的作者之一與譯者。

第二站，我們來到台北市文山區木柵「越南站」。二〇一七年秋天，我加入政大USR計畫，正式將方法課據點轉移回木柵越南社群。教育部自二〇一八年正式啟動「大學社會責任」（University Social Responsibility）實踐計畫，簡稱USR計畫，希望大學端能夠克服學用落差，將知識帶給社會大眾，帶動地方發展。政大的「興隆安康‧共好文山」社區共善計畫屬於「在地關懷」型計畫，透過集結政大的社會科學院、法學院與教育學院教師之專業，師生進入社會福利宅，與社區內的機構合作一起發現問題，並嘗試串連資源、解決問題。一九七〇年代末期，人類學前輩林美容老師就以安康社區為田野地，完成題目為《南禺：一個都市平價住宅區的社區研究》的碩士論文，聚焦都市貧窮文化議題的探討，當時越南華僑正陸陸續續定居在安康社區；王志弘、沈孟穎於安康市場關閉前後，調查並發表〈疆域化、縫隙介面與跨國空間：臺北市安康市場「越南街」族裔化地方研究〉一文，討論木柵一帶的越南族裔經濟特徵。

民族學系師生具地利之便，木柵越南社群的多元樣貌，提供政大師生發展研究議題的空間。配合政大USR計畫，我發展了「公共人類學」與「社區誌寫作」兩門課程，作為方法課的延伸，修課學生以接力方式，與社區移民夥伴完成了《在身邊的越南史》，呈現木柵越南老中青三代的生命故事。書中部分作者在進一步討論後，開始撰寫自己的田野故事，在與出版社多次討論下，漸漸有了本書的雛型。

這本書的作者有些因為課程、有些因為計畫，還有人因為學位論文運用田野調查方法蒐集資料，而陸續與這本書產生關聯。政大民族學系博士生宮相芳，因為修習「公共人類學」，認識了在政大華語文教學博士學程念書的越南留學生黃素娥，透過觀察與訪談「大跨國生」素娥與「小跨國生」的互動，兩人一起完成了一篇對田野做田野的文章。譚氏桃則是政大亞太研究英語博士學程的越南留學生，雖沒修過民族學系的課，但在進行台灣越南移民宗教信仰空間研究時，不但運用民族誌方法，更在過程中有不少反思，所以在撰寫博士論文期間，又將這些田野經驗寫成一篇英文文稿，再翻譯修潤為目前書中的故事。

至於書中兩篇「走出越南」的作者——許容慈與李盈萱——她們各自選擇了不同的田野場域，但仍扣緊著移動者作為田野對象。許容慈是在福州阿姨位於台北巷弄內的理髮店「蹲點」，觀察女性婚姻移動者的工作與情緒勞動；李盈萱則是數度前往泰國北部「美斯樂」進行志工服務，「異域」是她的田野，更是她進行社會實踐的場域。

通常方法課結束後，寫完報告，一切就結束了。老師往往只能在多年後從學生的研究或作品裡，被動地發現一些田野課堂上留下的蛛絲馬跡。這本書是我作為授課老師，主動追蹤與推動學生在方法課後，或運用民族誌方法下的反思作品。不太成熟，但絕對值得紀念。

感謝政大民族學系同事放心地將方法課交給了我，讓我有機會帶著學生一起探索如何教與學田野調查方法。「南風四重奏」開啟政大師生東南亞田野故事的旅程，感謝藍美華老師的邀請；感謝王信實老師邀請我主責政大USR「興隆安康．共好文山」計畫中新住民服務方案，讓我得以進一步深化東南亞移民議題。謝謝學生在課程結束後，甚至畢業之後，願意一起討論並持續書寫與修改自己的作品。多虧有能幹的金其琪與皃姿樺先後承擔聯繫作者與編輯的工作，讓我省心不少。若不是民族學系校友左岸編輯孫德齡願意支持年輕作者，協助我一起磨練修改學生文字的功力，則不會有此書的誕生。最後，感謝在香港中文大學負責教授方法課多年的人類學家陳如珍，答應為此書作序，藉此機會進行對話，也為此青澀的習作增色許多。

導言
田野，是重新認識自己的過程

高雅寧

當我們談到東南亞田野故事，第一個聯想到的或許是「新南向政策」。這個政策確實影響著大學內的教學研究與學生組成。首先，教育部補助東南亞主題的相關計畫，政大「南風四重奏」計畫便是一例；其次，台灣因少子化，廣為向東南亞的青年招生，校園中東南亞學生身影逐漸增加；最後，計畫補助學生赴東南亞學校進行交換或擔任志工，鼓勵學生有機會離開台灣，走訪東北亞之外的國家。不過，仔細想想，日常生活中或許早已或多或少出現東南亞籍的成員。家中長輩若沒有外籍看護協助，全家生活可能大亂；大街小巷的餐飲店，很多經營者是外籍配偶；更不用說工廠、工地、田間、海上的勞動力。近三十年來，東南亞移民工漸漸成為台灣人口中的重要組成。

移民早就在我們身邊，甚至在家庭裡和我們一起生活，只是我們對這些來自東南亞的人群與文化認識太少。

民族學系大二必修課「民族學研究方法」的田野調查，是學生必經的通過儀式。為了開啟對東南亞人群的認識，我將這門課定位為鼓勵學生踏出舒適圈，開口跟身邊的移民工或留學生對話，藉此開始嘗試民族誌方法。現在的大學生已經有不少在上大學前就有遊學或國外旅遊經驗，但鼓勵他們踏出校門，跨過道南橋、到木柵市場與老街區跟不熟悉的人「面對面講話」，卻不容易。這堂課又要求認識身邊的「新移民」，更是難度爆表。

在政策、課程、計畫，以及每個學生各自經歷與興趣的因緣聚合下，學生們開啟了田野工作的場域與主題，而他們在台灣境內或東南亞所經歷的田野工作，恰恰可與民族誌工作者所歸納出來的研究階段相互呼應與補充。梅琳達．華格納在《上帝的學校：美國社會中的選擇與妥協》根據自身田野調查經驗，將民族誌方法執行過程分成四大階段：1進入、2文化衝擊、3融洽關係、4文化理解。[1] 我認為前後還應該加上兩個：0「踏出舒適圈」與5「離開田野地」。正式進入前，田野工作者要有從舒適圈抽離的決心；不管是否完成田野工作（對我而言，田野工作永遠都是「未完成」），要隨時準備好主動或被迫離開田野地或與田野夥伴道別，尤其是本書撰寫期間經歷疫情，生離死別更是成為日常。除此之外，「進入」通常是伴隨著「干擾」，「融洽」與「互惠」關係也往往相輔相成。最後也最重要的一點在於，民族誌田野工作成果是可以、也被期待要超越文化理解的，民族誌工作者在合作社區或社群想要尋求改變的前提下，透過個人既有的專長或培養相關專業涉入，得以改變社群或社區，為田野工作加值。而本書作者們與我個人的田野經驗，正好可以解釋與討論這六大階段。

1 Melinda Wagner. *God's Schools: Choice and Compromise in American Society*. (New Brunswick: Rutgers University Press, 1990), 218-219.

0 踏出舒適圈

通常田野工作的第一個步驟是告訴我們如何進入另一個社群與文化，但很少討論如何與為何離開自己的舒適圈。「舒適圈」指的是自己熟悉的文化與環境。對到海外做田野的研究生而言，是踏出台灣前進東南亞；對越南留學生則是從越南來到台灣的大學校園，再踏出熟悉的校園到移民社群中；對台灣的大學生來說，舒適圈就是家庭與校園。

李盈萱是主動且迫不及待想踏出天龍國，並期盼在異地透過擔任志工認識世界，進而改變世界的女孩。她在高二升高三暑假參加偏鄉教育服務隊，課輔過程中發現自己非常喜歡小孩，大學時參加服務性社團，並在學期中利用假日參與一日課輔，之後有機會參與國際志工服務社的廣西志工團，懵懵懂懂地進入廣西少數民族村落。初次踏入廣西侗族山村的她總覺得自己很幸運，想為世界做些什麼，對即將到來的志工服務抱持著滿滿的期待，而且無所畏懼。山村裡的小學是木造建築，沒有任何數位化設備，課程僅開設到四年級，學生都是留守兒童。雖然具備台灣偏鄉學校服務經驗，但廣西偏鄉的條件讓盈萱感到非常震驚。在山村的兩個星期，盈萱切斷與台灣親友的聯繫，跟著當地人一起蹲茅坑、烤火取暖、吃酸湯火鍋，甚至忍耐好幾天不洗澡。第一次踏出國門的服務過程，讓她留下許多疑問與遺憾，也忽略了在小學生主動告訴自己當地儀式習俗時寫下筆記，但這次踏出舒適圈的經驗，卻開啟了之後的泰北田野之路；[2] 甚至在後來到了泰北美斯樂，又再次經歷踏出當地華文學校與民宿舒適圈的過程，由此可見，「踏出舒適圈」是一個相對、且在不同田野階段持續發生的過程。

黃素娥原是越南安江大學中文講師，在學校鼓勵教師進修政策下，選擇來台灣攻讀博士學位。[3] 來到政大，素娥先是發現台北木柵很像自己安江省（Tỉnh An Giang）龍川市

2 李盈萱線上訪談（二〇二二年六月十六日）。

3 華語泛指華人的語言。對大部分來台的東南亞移民來說，學中文也可說成是學華語；對那些入籍中華民國的移民來說，華語／中文則成為國語。在越南大學裡設有中文系，不是華語系，主要是學習語言而非研究中國文學。本書作者黃素娥在越南時讀的是中文系，畢業後當的是中文講師；在台灣中文系與華語系是不同科系，

區的家鄉，騎摩托車穿梭在小巷弄間很方便，不過在加入USR計畫之前，生活只在三點——學校、市場與租屋處——移動，從不知道木柵有個越南移民社群。直到在木柵安康社區開設了華語班，認識越南婚姻移民，才慢慢與移民群體建立關係。有了移民姊妹相伴，雖然離開了家鄉舒適圈，但木柵也猶如異鄉的另一個舒適圈。在這個舒適圈中有家鄉美食，也有同鄉口音的越南語，在發生意外時有越南姊姊陪伴就醫，這個舒適圈讓她感到安全。

1 進入與干擾

進入田野地免不了談如何取得研究許可，或強調在發展研究題目前要做多少的準備、看多少的文獻，以寫出一份聚焦與有研究新意的計畫書。然而，真正物理上要進入一個社區或人群，無論準備再長久與詳盡，仍充滿著變數。而真正抵達田野地，一位外來研究者的出現，必然對當地社群產生大小不一的干擾。

迷路，是做田野的共同經驗。迷路可能發生在異鄉路上，也一定會發生在你最熟悉的地方。宮相芳是政大老鳥，半個文山區在地人，結果在木柵的巷弄中迷路了，找不到社區移民華語班的教室；譚氏桃是越南留學生，在連結台北市文山區與新北市新店區的寶橋上來來回回走了幾次，卻找不到本地越南移民佛教中心「普悲寺」。徐俊文到了越南太原省（Tỉnh Thái Nguyên）想尋找越南「侄人」，騎著腳踏車繞來繞去仍找不到因城市急速擴張而消失的華人村落；李盈萱一行大學生志工團本來要去泰北美斯樂，卻被巴士司機帶到了泰緬邊境的美賽（Mae Sai），兩地相差約一個半小時車程的距離，讓沒有等到客人的民宿主人擔心一整夜。

要以什麼樣的身分進入田野地？進入田野地需要「花錢」嗎？花多少錢是合理的？

前者重視教授中國文學，後者則是培養對外華語文教師。小跨國生的語言教學是在台灣華語文學界老師的推動下開始的，故一開始把小跨國生的中文學習命名為「華語補救教學」，現已更名為「華語扶助學習」。本書中華語與中文的使用原則尊重作者與譯者的選擇，故各篇不一；考慮文意與使用情境，同篇中也有異。

這大概是所有田野工作者都會關心的問題，而這也涉及出發前對於田野地究竟了解到什麼程度。徐俊文在太原就遇到了申請學籍與繳交學費的問題，幸好後來遇到主持越南「僑人」研究的老師，並進入研究團隊，一掃之前的無助與低落情緒。

有時候，搭訕是一種快速進入田野地的方式，不過需要點策略與勇氣。我想了解木柵越南華僑來台前的居住地，便在木柵安康社區一位阿姨的指引下，輾轉來到了越南胡志明市自由新村。到了當地，人生地不熟的，我在進村主要幹道旁看到幾桌人在路邊吃早餐，就直接大聲地用中文問（其實我不確定有沒有人會講中文）：「哪裡有賣飲料？什麼飲料比較好喝？」人群中居然有一位大姊回我了，於是打開了話匣子，並且馬上確認這群人中有幾位正好是從木柵回去探親訪友，正式開啟了越南華人難民村之旅。譚氏桃在一次坐捷運去樹林天主堂的路上，聽到有一群人在講越南語，勇敢地上前搭訕，才發現這群人是正要去一貫道佛堂的移工。他們熱心地邀請她去佛堂，譚氏桃也隨機應變，不但跟著一起去，還繳了兩百元領到一張「求道卡」，正式成為一貫道成員。

進入後必定造成干擾。李盈萱帶領的國際志工團一開始沒打算將美斯樂視為「田野地」，而是抱著「服務」初衷，但缺乏方法課訓練的進入（甚至是闖入）社區，帶來的往往只是干擾，甚至是破壞性的介入。例如在寧靜的山鄉民宿喧囂到半夜，連觀光客都嫌他們吵；學期中想要在地方學校課程加入營隊活動，原意是夏令營，但當地學生根本還沒放假。所幸，田野方法在這時幫了服務隊一把，當田野研究被定位為服務前理解需求的必要步驟，進入的方式隨之轉向。這種「以退（出志工服務）為進（入田野模式）」的方法，是建設性介入的開始。當盈萱踏入洪阿姨家的大門，看著阿姨包粽子、發現自己語言能力不足時，卻又被邀請「參與」社區活動，田野工作才正式展開。

至於黃素娥入校進行「新住民二代」的「華語補救教學」，則屬於建設性與積極性的介入。這些進入台灣國教體系的華語老師肩負著要讓從小不在台灣生長的移民兒童儘速學會「國語」，這樣他們之後才能在台灣國民教育體制銜接上其他學科的學習。因此，這批華語教師除了語言教學能力，還必須配合國小課程以及上課時間的安排（也因此，「華語補救教學」通常被安排在師生都還不夠清醒的「晨光時間」或昏昏欲睡的「午休」）。

譚氏桃、徐俊文、許容慈同樣是為了做作業或研究而進入田野，但干擾或參與的程度不一。譚氏桃為了解宗教空間對越南移民信仰者的意義而參與宗教活動，並在皈依後以佛教徒身分進行研究，一方面親身參與並記錄信徒在「普悲寺」的互動，另一方面建立關係有助後續的深度訪談。徐俊文以研究助理的身分進入僑人聚落進行調查，但當地卻因一九七〇年代被迫離鄉的記憶難以親近，研究者只能在「華人」相對聚居，且官方支持並公開的儀式活動中進行採訪與觀察，介入或能夠涉入的程度較低。許容慈為完成學期報告踏進福州移民女性經營的男士理髮店，但她選擇不要介入受訪者的工作，在一旁觀察記錄，並在儘量不干擾受訪者工作的情況下進行訪談與資料確認。

2　文化震撼

田野調查一開始會感到各種日常生活的不適與不習慣，有些可視為因差異而造成的「文化震撼」。我們這裡談的並非奇風異俗的那種震撼，而是一些日常生活小事與互動，某些差異最後有可能發展成研究主題或關注的焦點。有些震撼是意料之外，但那些意料之內的震撼，唯有親身體會才印象深刻。

黃素娥從大學開始正式學中文，也在大學中擔任中文講師，用中文點餐對她來說不是難事，然而在台灣點的「雞肉飯」，卻跟她熟悉的越南雞肉飯天差地遠。李盈萱在台北出生長大，一路受教育也相對順利，來到廣西侗寨與泰國北部感受到偏鄉教育資源的匱乏。黃素娥在台灣國教體系內遇到小跨國生覺得很驚訝，當接觸多了這些小跨國生，發現台灣學生與老師對小跨國生的霸凌事件，讓她對台灣教育環境評價大打折扣。許容慈雖然從小看著奶奶與姑姑從事家庭理髮這個行業，但當踏入Tina阿姨的男士理髮店時，對於阿姨與男顧客間的互動仍感受到與家庭理髮業間的差異。譚氏桃來自越南北部，當她在越南佛教寺廟接觸到越南南部移民為主的婚姻移民信徒時，她發現留學生只要煩惱論文，但婚姻移民卻面臨眾多婚姻與家庭生活的困境。

調查者所處的社群或社區會識破研究者的外國身分，研究者的出現也有可能打破原來該社群對研究者的刻板印象。徐俊文試圖穿越南版型的服裝、搭本地人才會搭的公車、不要帶單眼相機、用越南語跟當地人對話，但仍然被越南人識破是外國人。十多年前，台灣大學校園內的東南亞留學生並不像今日那麼多，黃素娥就已來到中原大學讀書，讓當時室友發現，原來越南人不只有婚姻移民，更進一步看到學校裡其實有不少越南留學生。李盈萱與「樂。斯屬」夥伴藉由多次與長期到泰北進行服務，試圖扭轉當地人之前對於一些拿了資料永不回頭的研究者之負面觀感。

文化震撼也發生在課堂裡。老祖師告誡，進行田野工作需要學會當地語言，但對大部分大學生來說，第一個關卡還不是學會另一種語言，而是「如何開口說話」，網路世代的大學生習慣透過社群媒體與同溫層互動，傳訊息多於打電話。移民工跟家鄉親人或朋友間聯繫經常透過視訊，如果要跟新住民家長聯繫，留言效果勝過文字訊息。如上所述，「移民工」與「大學生」幾乎是平行時空，不要說是語言差異，甚至溝通模式也不同，根本不可能聊到天。比如在方法課課堂上，有一組學生期中提案苦於觸及不到移民工，我問：「（教室）樓下不是有一位？」並簡述那位不管大熱天或寒流來襲，都坐在咖啡廳最角落的印尼移工，有位學生說好像有看到，另一位學生則說一點印象也沒有。有幾次，我看到她跟一位輪椅使用者在一起，我猜測她是身障學生的陪伴者，我也好奇若她是穆斯林移工，她是否知道並使用過教學樓內的穆斯林學生祈禱室。我提議一起下樓認識，下樓後，我走到她桌邊詢問她是否有空且願意跟我們聊聊，取得同意後我拉了一把椅子坐了下來。短短十五分鐘內，印尼移工直接將印尼家人照片與兒子結婚影片分享給我們看。而兩位平常在同儕間很活躍的大男生，在這樣的情境下，竟杵在一旁，不知道怎麼插話。事後學生表示對我這種直接跟陌生人搭訕的方式感到非常吃驚，而我也同樣驚訝於學生對身邊移民群體的視而不見，以及溝通方式的巨大差異。

3　融洽與互惠關係

田野調查過程中，總會透過某種正式或非正式方式，跟田野中的機構或個人建立關係，大部分的研究者都期待發展出和諧融洽的關係，並期待這個關係是彼此互惠的，而非單方面獲得材料。泰北美斯樂洪阿姨幫李盈萱繫上的紅線，譚氏桃在新店寶橋普悲寺皈依成為佛教徒、在一貫道佛堂求道，這些都屬入會儀式。前者建立關係前，先透過不斷地參與團體跳舞練習，不斷地出現在社區眾人眼前；後者則是因研究答應入會，被期待持續參與宗教活動。李盈萱在美斯樂華文學校外的「第一次訪談」，是在家包粽子的洪阿姨邀請後才開啟的，兩方語言不太通，但有了第一次接觸，再加上阿姨主動邀請他們去社區廣場跳舞，才讓這群國際志工們踏出民宿舒適圈，透過參加婚禮，吃百家飯，建立在地連結。後來洪阿姨的家人在一次通話中，感謝盈萱代替他們在老家陪伴阿姨，展現出融洽關係。

跟田野調查對象靠得多近才算或才能建立起融洽關係？一如許容慈文中提問：到底要跟田野對象靠得多近，才能完成田野工作？容慈一開始會選擇福州婚姻移民Tina阿姨作為主要報導人，是因為曾經陪朋友去Tina經營的男士理髮店消費，再加上家中女性長輩也從事過美髮業。但她仍對於自己到底要以什麼身分進入理髮店，感到困惑。隨著拜訪次數增多，容慈堅持不要成為消費者，好保持與Tina的「朋友」關係。透過田野工作，容慈重新認識自己，也不斷地反思自己與研究對象關係建立的方式及界限維持的原則。

田野新手總是煩惱要送什麼禮物給訪談者。我曾經建議學生，若他們想訪談的新移民是經營美容、美甲、美體、按摩或小吃店，不妨準備好指甲、臉蛋、身體與胃口。在城市中的東南亞移民田野工作，「蹲點」的另一種方法是到店裡消費，這是尊重專業以及學生能與田野對象互惠的一種方式。

「教授怎麼可以擦指甲油？」過年時，親戚如是問。

我回應：「這是我工作的一環。」

當我發現美甲是與越南移民接觸並開啟對話最自然的方式時，美甲店就成了我的田野場域，而且我開始愛上這種方法。黃舒楣在《田野敲敲門》中提到：「行動的邊界累積而為田野（工作）。田野不是靜態的，乃由工作累積而成。」[4] 當新移民進行經濟生產與勞動時，我同時也開展我的田野生產與勞動，兩人或數人一邊工作一邊聊天定義了「田野」。而這種方法也讓我感受到越南女性對於美甲的高度需要。「美甲」是一種媒介，

4 黃舒楣。〈發展提問〉。《田野敲敲門》，洪伯邑主編，台北：台大出版中心（二〇二一）：五八～五九。

開啟我跟新移民的聊天話題，USR社區華語班越南移民看到我新做的指甲時，問我，「老師，你這個指甲哪裡做的？好好看。」「老師，你這個做多少錢？」「老師，下次我幫你做，算你便宜一點。」透過美甲，開啟了話匣子。

4 理解與改變

典型或傳統田野研究經常是處理「異文化」，透過田野工作蒐集到足夠的材料完成作品，提供給不認識或沒機會接觸該文化的讀者能夠透過作品理解「異文化」。不過書裡幾位從東南亞來的留學生，或者去東南亞進行田野工作的研究生，卻是在異地研究相近的族群文化；只是，這些本來與研究者文化相近的族群，卻因移動軌跡或生活經歷相異，有了不同面貌。來自桃園的客家子弟徐俊文研究越南北部太原省客家人，來自台北的李盈萱到泰國北部美斯樂認識說雲南話的移民，來自越南北部的譚氏桃調查雙北市越南移民的信仰，來自越南西南部安江省的黃素娥則到國小輔導越南來的孩子。

田野工作達到文化理解後，或者在達到文化理解前，還有其他的可能性或還需要具備什麼能力嗎？我看到專業服務介入下的田野，能讓田野工作加值，這樣的田野工作的終極目標是帶來某個社區或社群的「改變」或「轉變」。素娥運用越南語與華語文教學專業，將田野場域延伸到移民華語學習的課堂，田野工作為華語教學的教材與教法帶來新的資料與視角；盈萱發現服務要到位必須藉助田野方法，當大部分年輕人因為山區工作機會少、工資過低，離鄉到大都市打工時，這群本地人眼中的「台灣小娃」卻開始在異鄉的田野裡尋找地方創生的可能。

黃素娥編寫的《一起學華語》教師手冊，其中包含八篇跨國生小故事，是她為了讓非越南籍華語老師理解跨國生的方法，也是她轉譯越南小跨國生學習華語文經驗的成果。研究者要達到文化理解並進行轉譯並非易事，「小跨國生」與「大跨國生」不會因為都具有跨國學習的經驗，就能輕易達到文化理解。黃素娥提到的三位小小跨國生的母語都是越南語，但他們來到台灣的年紀不同、性別不同，家庭背景不一樣，進入教育階段有異，面對的困難就不一樣。在進行參與觀察的過程中，素娥不斷地打破與對照個人經驗。素娥隻身一人來台讀書，跟跨國生家庭成員相隔幾年後在台團聚的情況不同；她來台灣攻讀專業課程，且已經具備華語能力，與跨國生從早到晚要在國民教育體制內學習各種科目的學習形式也有異。非越南背景的華語老師若能對越南背景的跨國生有足夠的文化理解，能同理跨國生因文化、語言與移動所產生的學習困難，教學才有可能事半功倍。

李盈萱與國際志工夥伴所創立的「樂。斯屬」，是一個邊進行田野工作、邊發現與釐清地方困境，進而探討公共議題，並採取行動與回應的團隊。最初想仿效「共作」方式進行田野工作，但地方居民不理解也提不出合作方案。不過在多次討論、協商與磨合後，兩方慢慢找出協作方式。團隊持續累積對社區文化與歷史的理解，並規畫在教育上施力，以達到地方創生的終極目標。團隊至少花了三年的時間整理文史資料，並將之轉化成淺顯易懂的故事版本，地方居民因而開始有興趣了解社區或長輩歷史，也嘗試發表自己的看法。換言之，團隊轉譯內容的讀者不是外人，而是社區居民。社區文史的內容部分也編寫入「泰北線上培力課程」，超越地方博物館的展覽形式，以課程方式進入學校課室中。地方創生的基礎在於教育，在於年輕世代對地方的認同，這是田野教會團隊與地方的事。

5 離開

「這些問題之前好多人來問過，啊，你們問這個要做什麼？之前很多人都來問我問題，然後資料拿一拿就不見了啊！再也沒看過了。」某次在當地茶家詢問地方歷史時，茶家的負責人這樣回應我。（李盈萱，本書頁二三一）

我們常常強調如何「進入」田野對，卻忽略了討論該怎麼「離開」。有時候，研究對象就在你身邊，例如USR計畫的實踐場域就在大學周邊社區，就算計畫結束，研究者通常也不會離開社區，總是會在街頭巷尾遇到，移民經營的美容店、美甲店、雜貨店、小吃店等等，也都成為生活中不可或缺的一部分。有些田野地的物理距離較遠，但當研究者與田野研究對象成為親密夥伴，甚至建立擬親屬關係，甚至有些民族誌工作者在田野地安家落戶，不是說離開就離得開的。大環境的變化也會影響工作者和田野地的關係，徐俊文與李盈萱的海外田野調查就因為疫情而中斷了幾年。因此，好好地說再見、準備好說再見，成為田野工作中必須面對、且需要小心翼翼面對的步驟，跟進入階段的準備一樣重要。

本書的作者並沒有詳述他們是怎麼離開他們的田野地，有些作者將會因為論文、報告、書稿、營隊或課程結束而離開，有的作者因疫情被迫暫時回不去田野地，只能透過網路保持聯繫，有作者卻因田野夥伴離世，天人永隔。另一些看似結束的計畫，或許不久的將來還會有新的發展。只要東南亞移動者在我們身邊，或者我們保持對東南亞人群與文化的好奇心，勤於拜訪東南亞鄰居，新南向政策以人為本的精神繼續延續下去，田野魂不滅，東南亞的田野故事，仍未完，待續。

＊＊＊

田野是學會做人的方法與過程，無論在異地或家鄉。田野工作反思的過程中，一定會重新認識自己，包括自我族群的認同，自己跟家人的關係等等。徐俊文在越南「俚人」群體中，重新思考自己身為台灣客家人的身分；李盈萱藉由跟洪阿姨與子女的關係重新思考自己與家人的關係；許容慈發現她選擇從事家庭理髮業的Tina作為觀察對象，映照出自家女性的情緒勞動經驗；黃素娥藉由與宮相芳的對話發現自己跟小跨國生其實都是經歷了跨國學習的歷程，只是自己比較順利；譚氏桃發現留學生與婚姻移民、移工的生活經驗很不同，但參與宗教活動讓她跟木柵有了更深的連結，也敬佩起婚姻移民與移工的生命韌性。

只要是學習，就一定會有失敗與失誤，但千萬不要因為怕錯誤或失敗，而遲遲不敢開始，勇敢踏出舒適圈是開啟田野工作的第一步。這本田野故事書不是田野方法手冊，而是學生的田野成長故事，也是我教授方法課的第一本習作，期待能引起田野老手的共鳴與對話，開啟新手對田野工作的興趣與認識。

高雅寧
Kao Ya-ning

東港燒王船是我的田野調查啟蒙之旅。跟著大學同學瘋狂地連夜從台北驅車南下，趕赴屏東東港王船祭，對在台北出生長大、宗教活動經驗匱乏的我而言，真是大開眼界。1998年第一次離開台灣，踏進廣西壯族農村，漸漸地沉浸到巫師社群裡，甚至被誤認為巫師學徒，巫術沒學成，但磨練了田野技術。

2011年我成為老師，僅能在有限的寒暑假赴中國與越南進行嚴格意義說起來不算田野工作的調查。2018年加入大學社會責任實踐計畫，開始接觸大學周邊的越南移民社群，做田野工作與教田野方法成為生活日常。我想，田野魂已進駐我的身體深處。這個田野魂會繼續跟著我，一起探索未知的世界。

可以靠得多近？
從走進阿姨的理髮店開始

許容慈

原來不只是進入田野的我們希望了解報導人，報導人也在用自己的方法希望了解我們，我們應該把自己當成研究對象，抽身來看自己在田野中的位置與角色。

我一直對人感到好奇。我好奇人為什麼來到這個地方、為何而停留，以及他們在我生命中留下身影的意義是什麼。我自己只能回答第三個問題，前兩個問題在大部分時候很難獲得解答，但如果能透過田野，更靠近這個人一步，或許就能解答前面兩個問題了。

我的田野地是一間位於台北市信義區、距離我家不到兩百公尺的男士理髮店。最初經過這，站在店門口往上看，一個大大的直式招牌「男士理髮」，一旁連接著霓虹燈，白天時燈光不太顯眼，但只要看見它在轉動就代表營業中，旁邊橫向的招牌則寫著「美容美髮／男女」。這間理髮店開幕於二〇〇二年十月，而我則是在二〇〇三年二月搬到附近，我們的生活軌跡雖然重疊，卻在它營業後的第十八年，二〇二〇年十二月我進行第一次的訪談後，才算是真正開始有了交集。過去它一直沒有店名，直到二〇二二年才換上新招牌，店名是「英翔理髮店」。

頭一次的訪談之前，我繃緊神經，因為怕生而心跳加速，經過好幾次深呼吸、來回踱步，以為自己準備好了、又退縮，準備好了、又退縮，最後才邁開腳步，踏上兩格樓梯、推開玻璃門進到店裡，學習開啟一個話題、開展一段新的關係。

我的報導人是一位來自中國福建省福州市的理髮師Tina阿姨。她的話不多，理一顆頭只要十來分鐘，穿著也很時髦，因此在我心中留下身手俐落、個性酷酷的形象。我對她的好奇來自她的移動。我對於在異地建立日常的故事總是特別有興趣。

然而退一步想，其實這個好奇有著更深的淵源。原來在她身上，我看見生命中好幾位重要的女性。

女性、理髮、剪刀

女性、理髮、剪刀，這三個圖像交織而成的畫面，貫穿了我的成長過程。

我的外婆一直到這幾年都還會自己調黑髮的染髮劑，她會將一碗濃黑濃稠的染劑，均勻塗抹在髮絲上以蓋去白髮。以前她也會幫我剪頭髮，我第一次發覺中短髮更適合自己，就是經由外婆的「操刀」。一直到我長大後才聽外婆說起，她國小沒有讀完，原先在家幫忙務農、照顧五個妹妹，後來去理髮店做學徒，想學個一技之長。然而學不到兩年，十七歲時外曾祖父決定賣掉房子，舉家從彰化搬到台北討生活，因此沒有再繼續學下去。外婆後來到工廠工作，遇到外公，從此結婚步入家庭。她理髮的對象也從此變成先生、兒子和女兒，再來是孫女們，拿著剪刀的手隨著歲月流逝，越來越不穩。

我的姑姑則是在台中經營一間家庭理髮店。奶奶家是三層樓的透天厝，位在ㄇ字型死巷的底端，一棟棟房子相連並排在ㄇ字型的兩側，中間空地過年過節時總是停滿汽車，平時是小孩的遊樂場。姑姑的理髮店開在透天厝的一樓，店裡擺滿做髮型、洗頭的設備工具，樓梯扶手掛滿黃色、橘色的褪色毛巾，店門口從過去到現在一直都沒有招牌。當年，我的叔公和嬸婆在同一間理髮店當學徒，後來各自立業，經過媒人介紹結婚，一起經營家庭理髮店。姑姑十三歲時就在叔公和嬸婆的店裡當學徒，一當就是六年。六年間，姑姑在夜校半工半讀念完國中高中，十九歲時透天厝的一樓整修完成，成為她的理髮店，經過半百歲月，一直工作到現在。姑姑喜歡光著腳工作，在磨石子地板上踩踏一整天的腳掌常常是灰撲撲的；她雖然是理髮師，自己的髮型卻一直是最素樸簡單的清湯掛麵，數十年如一日。

我的小學好友兼鄰居，家裡也是開家庭理髮店的，位置在台北市吳興街的巷弄中。他媽媽一開始也是跟著自己的姊姊一起進入這行。踏進他家，看到烘罩、洗頭台、一罐罐洗護髮乳，熟悉的感覺瞬間湧上。每次經過他家，我都習慣往裡面看一眼，好友媽媽站著替客人的頭髮搓出泡泡、一邊聊天的模樣，總是讓我想到姑姑。好友的爸爸本來在開計程車，疫情時生意減少，加上他媽媽受傷，所以常在店裡一起幫客人搓頭。兩人並肩忙碌的身影，是理髮店中很不一樣的風景。

我的報導人Tina阿姨的故鄉福州以三把刀「剪刀、菜刀、剃頭刀」聞名，分別代表了裁縫業、料理與理髮業。她說自己之所以會去學理髮是因為興趣，也因為女生愛漂亮。阿姨在老家開過一間理髮店，三十歲時遇到先生嫁來台灣，基於過去在家鄉的相關經驗，來到台灣後也想投入美容美髮行業。在台灣從事美容美髮業需要有證照，各有乙、丙兩級，因此Tina阿姨一開始先去上三個月的課，考取了美髮的丙級證照，至於美容最高級的乙級證照則是上了一年的課才考到，與她同梯的可是考了四、五年都沒考上呢。拿到證照後，Tina阿姨想過與朋友合開補習班，但考慮到自己年紀大了，擔心教學工作太累而放棄；她也想過再進一步考取更專業的國家評審資格，然而光是美容乙級就耗費她太多的心力。「要考試好累喔，考一個乙級都已經累到虛脫，我想還是算了。」「就是一直上課啊，什麼都要考，技術方面要考，還有筆試。你看看那個乙級一本書有多厚！」原本就不喜歡讀書的她，沒辦法再準備更嚴格的評審考試，於是也放棄了這個念頭。不過，阿姨後來雖然沒去考國家評審資格，還是受邀當了幾場比賽的評審，獎盃、裱框的獎狀、聘書就放在鏡子旁的層架上。

人們的觀看終究是在看著自己，聽著Tina阿姨說自己的故事、看著她靈巧地轉換力道運用手上的剪刀，我的腦海總是不由自主地浮現出自己身邊幾位、同樣拿著剪刀幫人理髮的女性。

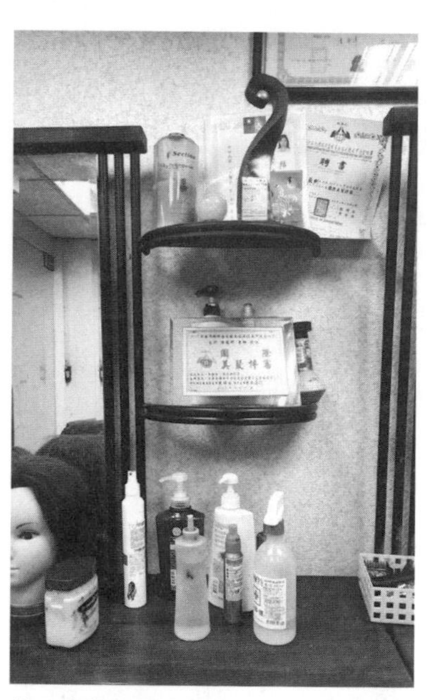

鏡子旁的層架上放著Tina阿姨受邀擔任比賽評審的獎狀和聘書。（許容慈攝）

Tina阿姨成為我的報導人

第一次踏進店裡，是因為朋友希望找個便宜的地方剪頭髮，試過他家附近的一間家庭理髮，但是不太滿意，於是我也開始幫忙留意，才忽然發現家附近這間原來已經開了二十年的理髮店。

這也是我第一次看到阿姨。阿姨一開口，我就聽出她不是台灣人，如同我對每個人的好奇，我也開始疑惑：她從哪裡來？為什麼會來？

阿姨的紅棕色長髮燙捲且蓬鬆，身材苗條，時常穿著有亮片裝飾的衣服，腳踩厚底高跟鞋。阿姨的話不多，我的朋友也是安靜的人，整個剪髮的過程都很靜默。朋友從那次之後成為常客，我也每次都陪著一起去，但是我和阿姨都不會主動開話題。一直到民族學研究方法的課堂上，老師希望我們做「新住民」的主題，我第一個想到阿姨，心想這是可以更了解她的機會：有了「做作業」的名義，好像可以合理化自己的好奇；有「交作業」的壓力，也比較能迫使我採取行動、走出舒適圈。

到阿姨的店做田野之後，我們才慢慢開始多講了一點話。觀察阿姨與其他客人或是朋友的互動，我發現她平常嗓門蠻大的，個性也爽朗健談，其實不像我原本看見的那樣安靜，才注意到原來她是依據客人的喜好與特質，來調整自己互動的方式。幾次訪談、過年過節的簡單問候，現在我能感覺到看見我來，阿姨是開心的，她會特別問我的學業或吃飯沒，我尤其私心喜歡聽到她叫我「小美女」。訪談過程中，阿姨一直熱心地想幫助我完成作業，只是我們幾乎全是一問一答，而我也還是不夠大方大膽，遲遲不知如何再深入。

Tina阿姨的兒子和我大學屆數相近，她不時會跟我提到兒子在學校的生活，她說起她兒子大一、大二修的學分太少，可能會延畢，也就順帶問我什麼時候畢業。其實從大三第一次訪談，我中間歷經一年休學，再回到學校繼續念大四，每次見面，阿姨都問了我類似的學業問題，我猜她是想透過兒子的經驗來理解我的生活背景，藉由學生的學業階段來推敲我的狀態。所以她會問我是不是放暑假了、課多不多、什麼時候畢業之類的問題。我也慢慢和她解釋自己的不同狀態，包含轉系的原因、休學時的打工、回學校後的課業能否負荷等等。我因此看見她的體貼，也提醒了我，原來不只是進入田野的我們希望了解報導人，報導人也在用自己的方法希望了解我們，我們應該把自己當成研究對象，抽身來看自己在田野中的位置與角色。

某天下午，我臨時去理髮店找她，聊到一半有客人上門要染頭髮。染髮前，阿姨先幫他修剪，然後又在耳朵和臉頰容易沾到染劑的位置抹上凡士林，才開始刷染劑。我問阿姨為什麼要這麼做，她回我如果不小心沾到，這樣會比較好洗。就在阿姨刷完染劑，正要把染劑盒拿去沖洗時，客人突然說：「我這眉毛也要欸！」阿姨大聲說：「吼，看我這幾分鐘的記性！」然後一直碎念自己明明才想到，轉個頭卻又忘了，邊念邊拿棉花棒沾客人頭髮上的染劑去補在眉毛上。在等待染劑上色的那段時間，阿姨放鬆地把雙腿翹在扶手椅上，對著客人和我說著她睡不好、身體腰痠背痛，個性又會想東想西，「吃安眠藥沒用，數羊也沒用」，漸漸形成晚上睡不好、上班時疲累卻不能休息的惡性循環。人都有脆弱的時候，阿姨當然不是只有那堅強的一面，只是我突然發覺自己開始看到她的不同面向了。

交稿前，我再次來到理髮店，向阿姨說明文章將會出版成書，請她確認希望自己故事如何被呈現。其實這不是我第一次和她提到這個出書的計畫，但她似乎這時才把這當成一件真的會實現的事，或是這時才意識到，我是認真地在訪談她。不能怪阿姨搞不清楚，因為我的確有好長一段時間不知道如何進行更深入的訪談。為了突破瓶頸，我找朋友聊這件事，朋友提出許多可以問得更詳細的地方，我才發覺如果從「外人」的視角來看，阿姨的故事還有許多空白，「Tina阿姨」對大多數人來說仍然是陌生且令人好奇的，是我在尚未全面了解我的報導人之前，就忘記了自己既不是理髮店的「客人」，因為從沒給阿姨理過頭髮，也不是從未踏進店裡的「外人」，處在一個對店裡的一切有熟悉感，卻沒有真正很深刻了解的、不上不下的位置。

重新帶著問題上門，阿姨在理解文章即將出版的前提下，主動坐到我身邊，帶我重新順了一次她的生命歷程，並補充了許多細節。阿姨中專沒讀完，十九歲就跟親戚去學美容美髮。在當時，中專畢業的學歷可以去國小當正式老師，不然也可以遞補親戚公職退休後的職缺，但是她放棄了這兩個機會。她說：「我個性不喜歡被別人綁住啊，不喜歡要等一個月才能拿薪水，而且當公務員錢都很少，還要固定上下班嘛，我愛漂亮啊，又喜歡自由自在的，所以就放棄了啦。然後我就去學這個（理髮）。」阿姨很清楚自己的個性，也知道自己喜歡什麼，因而選擇當時家鄉還未有太多人投入的美容美髮業。

總是聽人說「福州三把刀」，我一直以為福州做理髮這行的人應該很多，阿姨說其實沒有，只是因為當時台灣人覺得來台灣的福州人技術都很好，才有這樣的說法。由於人不多，所以那時做這行很吃香，阿姨做了一年多學徒就出來自己開店，那年她才二十歲。在家鄉的鎮上開店開了半年，她就移動到城市裡開店，三年後又和朋友到深圳開了一間滿有規模的美容美髮院，店裡還請了不少洗頭、剪髮的師傅。我問那時離開家鄉是什麼心情，她說那時還年輕，「天不怕地不怕的」，而且有深圳的朋友可以依靠，沒有擔心太多。她在深圳一待就將近十年，原先她從沒想過要來台灣，但是她相信和誰結婚是緣分注定的事，因此遇見後來的先生、結婚後，就將店面轉讓，來到台灣。

在深圳的那幾年，雖然還是在中國，卻因為距離遙遠鮮少回家。「對啊，都是在外地工作，只有過年過節的時候會回去一下，平常也都沒回去啦，因為距離太遠了。那時候沒什麼動車啊快車的，只能坐飛機，一年頂多只會回去兩趟左右，來台灣後也差不多一年才回去一次。不過這兩、三年（因為疫情）也都沒回去了。」

「英翔理髮店」

來台灣後，阿姨開始找店面，也持續進修美容美髮的技術。開現在這間店之前，阿姨希望能學習刮鬍子、掏耳朵的技術，於是主動找了一間男士理髮店又做了六個月的學徒。接著，阿姨發現家附近的一間理髮店要頂讓店面，便將它頂了下來，起初還是做她熟悉的女士剪髮，但周圍環境競爭太激烈了，兩、三年後轉為男士理髮。就阿姨的說法，「等於從零開始。」慢慢累積客人，用實力讓客人成為熟客。她的客人有滿月的小孩，也有九十幾歲的爺爺，還有從小學一直剪到當兵的，「從一歲到一百歲都有。」阿姨過去曾經收過學徒，卻在她不注意時摸走錢包裡的錢跑掉。問她開店有什麼辛苦的地方嗎？「主要的困難就是生意不好的時候收入不穩定，其他都還好啦。」

阿姨店內的格局以簾子做區隔，分成內外兩側，內側左邊有按摩用的小床，右邊有洗手台、沖水處，有理髮店常見的黑色U型罩，用來承接長髮、浸泡染劑。內側不會開燈，基本上都仰賴外側的光源。隔著簾子的外側座位區有三張大的皮製理髮椅，客人通常使用中間那張，兩邊的椅子有時會擺放阿姨自己的包包或衣服、理髮用的披肩等等。椅子的扶手縫隙中散落著客人或黑或灰白的短髮。等待的客人會坐在理髮椅後方的黑色皮沙發，這張兩人座沙發，坐擠一點可以坐到三個瘦的成年人，但因為我跟其他客人不熟，所以排隊的男生若看到我坐在沙發上，常常會說等下再來，或是坐阿姨另外拿給他們的板凳。壁紙與燈光讓店裡混雜一種粉紅、粉橘的色調，桌上擺了幾顆美髮業常見的假人頭，店裡還有台很大的電視，阿姨會開給等待的客人看。有次阿姨忙著理髮，電視正好播放移工工殤過世的新聞，阿姨很快停下動作，轉身把電視轉台，我因此看見她的細膩體貼。

阿姨描述自己在事業上的追求，故事講得豐富而詳細，我看見她一路積極主動地向前衝，做出一個又一個的選擇，即便那可能是一條較少人選擇的路，像是放棄穩定的公職、離開學校投入美容美髮業，或者在台灣人排斥「大陸新娘」（保留阿姨原本用詞）的社會氛圍中嫁來台灣。她說當時嫁到台灣的人還不多，對於那些不舒服的經驗，阿姨總是描述含糊。她說：「那時候人家就是排斥大陸新娘啊，對啊，就看不起啊。」也許是因為相較於具體的事件，她的經驗是沉浸在不友善氛圍的感受，因此難以描述，抑或是不願記住。回答時她常用「反正」開頭，「反正就已經來了，來了就來了啦，沒辦法改變了。」人生地不熟卻還要經歷台灣人的歧視、瞧不起，但是畢竟已經選擇了，也沒辦法。我想起阿姨在Line的個性簽名：「生气不如争气。」將生活的困境轉變為讓自己更努力的動力，心境轉個彎就能繼續生活下去。

然而，拿起剪刀理髮就不一樣了，客人看的是技術，不是口音也不是國籍，異地重新開業，客源、名聲從零開始累積，只要爭氣地剪好每一顆頭，客人就會再次上門，用不著生氣。店剛開的時候生意很好，一天可以做五、六千塊，一個月賺十幾萬，但是她說：「可是後面就是因為我自己啦，自己的因素不正常。」我問她是不是太累了，阿姨坦誠地回答：「是去打麻將啦，對呀，然後店就沒有開啊，客人就都跑掉了啦。」我不禁笑了出來，不愧是愛好自由的阿姨！

阿姨理髮店的價格，包含剪髮、洗髮、染髮和臉部保養，從開店以來都沒有漲過。直到二〇二一年疫情嚴重席捲台灣的那個五月以前，平均一天可以剪十顆頭，少一點也有個七、八顆。理髮是與客人近距離接觸的工作，三級警戒期間，客人減少上門，阿姨一週只開兩天。政府發布全國疫情三級警戒之前，店裡較大的收入來源其實是價目表上寫在洗剪燙髮下方的臉部保養工作，包含基礎保養、去角質、保濕、美白美肌、護膚等等，男生女生都能做，這些生意一直到警戒降級後仍沒有恢復。阿姨猜想，或許客人仍對疫情有所顧慮，或是轉去其他地方保養了。

三級警戒期間，阿姨工作的配備除了護目鏡，還會多戴一片塑膠面罩，但是露面的塑膠罩會讓人看不清楚。所以這時到店裡，會看到她剪個幾刀就得把塑膠罩拉起來，確認自己是否有處理好每個細節，再剪幾刀又再拉起來，來來回回幾次下來，自己瀏海都亂掉了。我理智上理解她的不便與辛苦，卻在心中不小心笑了，阿姨對客人總是細心照顧，自己卻是大咧咧的性格，一次只能專注一件事，顧不得亂翹的瀏海。

三級警戒降級後，阿姨一天還是大概只剪五、六顆頭，她說最近幾年男士理髮的生意越來越差，因為男士理髮價位低，本來就難賺，加上最近百元快剪店流行，也分去不少客人，「男士理髮快絕跡了。」我好奇地問她，有沒有想過自己會工作到什麼時候？她停頓許久沒有回答。現在她開店的天數減少、時數也不長，能賺一點是一點，沒有計畫太多。

工作了這麼多年，美容美髮從原本的興趣變成工作。我問阿姨快樂嗎？她回答：「啊，有賺錢就開心哪！」她說其實做久了，每天都差不多，現在不做理髮也不知道還能做什麼其他的，而且開店畢竟可以自己決定工時，今天「想不開」就不開，比較自由。「其實那只是一個工作啦，也沒什麼開不開心，就跟上班一樣嘛，只是不用看人家臉色啊，我今天有事就把門一拉，我就是喜歡這種生活方式啦，嘿嘿。」

這些故事豐富了Tina阿姨的不同面向：積極、勇敢、體貼、溫柔、堅強、脆弱、享樂……，聽完故事的我心滿意足，阿姨問我要不要拍牆上的獎狀、證照，還主動幫我將它們拿下來、指示我可以站到理髮椅的踏板上拍攝。阿姨理髮店的名片上沒有她的名字，只寫著店內提供的服務，因為即便是由她提供服務的工作，重點也是服務內容，而非提供服務的人。在工作中，客人才是主角，但是在我的田野中，阿姨是主角。她看著客人的頭時，我看著她，再從訪談中看見過去的她，我覺得，透過講述故事成為主角，被聆聽、被理解的阿姨，表情自信、眼神發亮，聲音也更響亮了。原來被看見，是會讓人有力量的。離開前我想和阿姨合照，她笑著碎念說不滿意自己的妝容，還特地去換一件更上相的上衣。

幾天後，我陪朋友去理髮，阿姨一樣配合安靜的朋友，沒說幾句話就快速修完頭髮，但是對坐在沙發上等待的我笑了一下，我發覺我們之間有一種特別的默契與感情，也隱隱約約感覺到我們的關係更近了一步。

愛漂亮的Tina阿姨（右）和我連拍了好幾張自拍後，挑出這張讓我放在書上。（許容慈攝）

不只是剪一顆頭

新住民女性在台灣投入就業市場，除了補貼家用、支撐家計等經濟因素，[1]還有實踐夢想、經濟獨立以取得生活層面的自由、增加經驗創造連結以融入社會、展現自主性擺脫依賴夫家經濟的汙名等原因。[2]職業的選擇上，則會考量本身技能、經濟資本、人際網絡所能提供的資源，以及與原先生活習慣如何配合等等。撇開族群身分，這些女性共享著相似的生命經驗。

經營家庭理髮店是減少房租等開店成本的策略，卻讓女性勞動者無法完全與家庭事務切割；但在另一方面，這確實也是某個時代女性少數能夠享有自主性的時刻。家庭理髮介於全職工作與全職主婦之間，它為女性劃出一個展現專業的舞台，能夠往自己期望的經濟獨立前進，拓展了傳統女性的生命選項。理髮業中的學徒制與親屬網絡之間彼此介紹，除了讓技術與工具資源能夠流通共享，也能在有需要時彼此支援、分攤工作量。

從小學理髮，十九歲就擁有自己店面的姑姑，體現時代對女性的期待，同時也透過技術的精進獲得客人的認可，從客人到客人的小孩，建立一批穩定的客源。姑姑總是用保險業者贈送的月曆記錄客人的預約。有次過年回家，我掀開月曆，二月已經零零星星開始有三月的紀錄了，月曆上寫著客人預約的時間，再分別用不同的圖形將數字框起來，圓形是燙、方形是染、三角形是洗剪，只寫時間就是單純洗頭。姑姑曾經說：「客人的頭剪了二十年，你就會覺得這顆頭是自己負責的。」一年之中，敬業的她只在春節年假時才會休息幾天，其他時候就算沒在理髮，也總是忙碌穿梭在廚房與客廳之間，準備餐點招待小孩、親戚；而只有當聊到她的工作，生活的重心才會回到自己身上，言談中透露出對工作的自豪。我時常想，若外婆當時能繼續投入在自己的理髮事業，也許她

---

1 陳秫榛。《提升我國女性新住民就業率之研究——以高雄市女性新住民為例》。國立高雄應用科技大學人力資源發展系碩士論文。二〇一七，頁八二。

2 廖庭綺。《新住民女性在台灣的生涯發展經驗：以女性主義觀點探究》。亞洲大學心理學系碩士論文。二〇一九，頁一六。

今天的生活範圍就不會只侷限在家庭，而是擁有能展現自己的舞台。

Tina阿姨擁有自己獨立的店面，每天騎車來回店面與家中，切換不同角色，展現工作專業與母親、妻子的職責。店裡有好幾張美髮比賽評審的獎狀，是她透過理髮技術與能力突破族群界線的證明。我曾見過阿姨的兒子在連假結束、即將回到外地的大學上課前，來店裡給她修頭髮的場景。這讓我聯想到固定會回台中給姑姑理髮的父親，還有從小給母親理髮因而不敢去外面理髮店換髮型的好友。我生命中的女性理髮師們，在不同地方與脈絡下，展演專業理髮師與女性、母親的角色，時而區隔、時而交織著她們各自的專業與母職。

農曆年前與除夕當天總是姑姑最忙碌的時間，這個客人要套烘罩、另一個客人得安置在洗頭台上躺好、下一個客人還要招呼先去客廳坐，趁著空檔進廚房扒兩口飯，然後又回去忙，口中的飯總不會是熱的。Tina阿姨因為客人多是男性，處理一顆頭的時間快非常多，但也是遇過這樣接應不暇的場面。那天是跨年夜，我的朋友是她其中一個客人，除此之外還有另外兩位先生在等。這時阿姨的朋友打電話要找她出去玩，她開擴音、打開視訊鏡頭，無奈地照向我們轉了一圈，表示自己忙到講不出話，我和朋友以及其他客人被這樣一照，大家都不知道該不該看鏡頭，只好快速瞥一眼手機螢幕然後飄走。在這樣的節日裡，男男女女都想要有個好看的新樣子。

理髮提供造型、形象的轉換，洗頭提供舒適、放鬆的感受，過程中的聊天則是情緒的抒發與排解。姑姑的客人大多是年紀相仿的女性，她除了記得每個人喜歡的洗髮精味道、力道、水溫，還記得每個人家庭的經濟、情感狀況，甚至還知道什麼時候該說話或聆聽、熟悉每個客人的個性，「這個客人很怕狗，你們先把仔仔帶出去散步。」「剛剛那個阿姨不喜歡講話，只要讓她看電視就好。」聆聽客人煩惱的她，工作幾乎像是諮商師了。就像諮商師有各自的談話風格，姑姑很溫柔誠懇，善於聆聽與給予回覆，好友媽媽則是直接坦率，會告訴抱怨丈夫的客人「你就叫他去跳海」(lí tio̍h kiò i khì thiàu-hái)。

Tina阿姨同樣也記得每個熟客的喜好，不只是他們喜歡的造型，更包含他們喜歡如何被對待。記得有次和阿姨聊到我打高端疫苗，她跟我說其他疫苗比較好，第三劑應該打別的。之後再聊到這個話題時，她特別重新說明，她的意思不是說高端不好，是出國比較不方便。我非常驚訝她如此細心體貼地想尊重我的感受，僅僅是一段短短的談話也放在心上，並且反覆思忖。還有一次，她正在幫客人理髮，門口有另一位客人要跟她講話，但是聲音比較小，阿姨沒有站在原地大聲問他說什麼，而是走到門口靠近那位客人，請他再說一次。自然而然地服務客人的情緒感受，其實也是她們專業的一環。在工作上為了服務客人必須管控自己的情緒，重視於滿足客人情緒需求的情緒勞動（emotional labor），在工作表現上較隱性，因此較少受到重視，但就是這樣的服務細節更讓我敬佩這些女性。

理髮其實也像一種通過儀式（rites of passage），表示個體或集體從某個生命階段轉變到另一個階段。例如台灣傳統習俗認為嬰兒的胎毛是不乾淨的，因此滿月時會替嬰兒剃胎毛，除去汙穢。或是親人告別式結束後，用修剪頭髮來整理心情，象徵生活繼續下去。髮型、髮色某個程度影響一個人看起來的樣子，通過理髮這樣的儀式，變得更成熟或有活力，展示新的造型，從外表影響到內在，客人得以用新的觀點或角度來看待自己，而理髮師即負責操刀這樣的儀式。

回想自己長大後去理髮店的經驗，第一次是跟交往對象分手後，感受到人生自主權的覺醒，因而將長髮剪成「男生」頭。在女校中，一剪男生頭就很容易被視為異性，成為情感的投射對象。那時我很深刻地感覺到因為改變髮型，而改變了周遭以及自己對自身的看法。

第二次是多年後頭髮留長，做了昂貴的法式挑染。理髮師說像我這樣還沒有燙過頭髮就直接染的人不多。的確，我每次變換髮型都是因為衝動，或是對生活的不滿，希望透過髮型改變運勢或心情。染完的頭髮從一開始的粉紫色，逐漸變出粉紅、粉橘、銀白、粉金等色彩，感覺每天都是全新的自己，賦予我很多生活的活力。

第三次是之前染過的頭髮長到髮尾，全部剪掉之後燙了波浪燙。這是個每天都要照顧的髮型，但是付出越多心力照顧，頭髮的狀態也就越好。頭髮是身體的一部分，照顧頭髮也是我學習從外而內照顧自己、愛惜自己，我竟因此感受到我與自己更靠近、更親密。

某次阿姨在幫客人染頭髮時，希望加入談話的我跟著說自己也有染過頭髮，為此還先把頭髮漂白。阿姨回我：「我們都是白髮要染黑，你是黑髮要漂白。」修剪或染燙頭髮之前，我們都期許一個自己更想看見的面貌，在理髮師的協助之下，無論得到的樣子是否符合預期，我們都試著適應新的樣子，或多或少地改變自己。

我們可以靠得多近？

小時候我的頭髮都是給姑姑修剪。我從那個需要在椅子手把上放一塊板子，坐在板子上才能讓姑姑剪到頭髮的身高，長大到現在已經不需要板子，但也已經不太給姑姑洗頭、剪頭髮了。因為覺得她太累太辛苦，我只希望她有時間坐下，好好把一碗熱飯吃完。很多人會固定給同一位理髮師打理造型，彷彿可以輕鬆地與一個人建立起關係，我卻備感壓力。理髮是親密的互動，避不了許多眼神充滿細節的凝視，還有劃破尷尬氣氛的談話。害怕與人建立關係的我，如何走入田野？

我總是說喜歡與人交流是我踏入民族學系的原因，但我卻清楚知道自己必須與人保持距離。這個需求由不安全感驅動，驅使我重視滿足自己的安全感。我意識到與人深入到一個程度，會開始對彼此的情緒坦誠相見。我害怕承接別人的情緒，因為潛意識會把它視為自己的責任，但又擔心不能負荷。對陌生人的好奇，成為我深入關係的動機，但另一方面，陌生也成為我卻步的原因。我不知道對方允許我走到哪一步，因為對方或許也不知道；或者說，我不知道自己有辦法走到哪一步。與其在造成傷害後懊悔，我寧願在可能造成傷害之前止步、倒退。

我其實狡猾地想偷走故事，想同理情緒，卻又害怕需要幫忙承接與排解。

直到最近看心理學相關的書，我才知道這是因為我缺乏「情緒界線」，因為太害怕負面情緒，於是會想盡辦法阻止可能產生負面情緒的情況出現，即便這些情況與我自身毫無關聯，我仍會將它視為自己的責任，並且放在比自己更重要的位置上。如果我建立起情緒界線，就能把彼此的情緒感受區分清楚，如此一來便能夠更客觀地觀察對方，也能在建立關係的過程中維持自己的安全感。認知到關係上的困境後，我才有勇氣再試著更深入關係。原來每天的生活都是田野，透過他人照見了自己。

老師曾在課堂上展示她為了貼近開美甲店的報導人，首次嘗試指甲彩繪的雙手；我也想過要不要讓阿姨剪頭髮，這是否會拉近我們的互動關係？我想了很久才想到自己不這麼做的理由：對我而言，我對我想要的髮型有所堅持，面對一段商業的關係，我能夠輕易地表達需求，擁有自己髮型的主控權；然而對於親近的人，我就會失去界線，很難表達自己的需求。即使研究觀察的過程中要保持客觀，我都希望以「互相理解」、「建立友善關係」的目的進入田野、與報導人互動，因此我將阿姨定位成我想親近、想了解的人，心裡預設自己必須在親近的人面前犧牲需求，因此沒有請阿姨幫我剪過頭髮。領悟自己的理由後，我才發現自己情緒的陰影窄化了我對關係的理解，甚至將它帶進田野當中，影響我和報導人的互動。

其實在田野中，我們可以成為新的自己。害羞的人可以變得大方，反之亦然。為了確認我能否在關係中更深入，我總是在確認關係，方法之一即是了解對方如何看待自己，而這個方法也讓我得以用新的角度了解自我。我發現，就像小學時，我們不希望自己的好朋友也跟別人要好一樣，我對我的田野對象也有占有欲，所以我總是喜歡做自己發現的田野，而非老師推薦、和老師已有合作基礎的田野與報導人。我其實很不喜歡自己對田野或報導人的占有欲，他們本來就不是專屬於我的。只是這的確讓我重新思考自己是以何種心態做田野。

我對田野的第一印象來自於我的父親。他長年在新北市的金山任教，小時候和姊姊們常常住在父親的教師宿舍中，出門吃飯時他總遇到熟人，十分鐘的移動總是被寒暄硬生生拉長成三十分鐘的緩步前行；父親帶回家的蔬菜水果、生鮮雜貨也時常是別人送的。他也曾說過回到都市的家反而很無聊，因為周圍沒有熟人。當時我看見的父親與一個地方的互動景象，形成我對田野最美好的想像：身處一地、認識當地人與土地、成為一分子。好幾年後我才知道人類學家、民族學家就是在做這些事情，但是這個過程不會只有美好，也會造成傷害，對自己或對田野地都是。

人類學家在田野中可以與報導人靠得多近？關乎我們在什麼位置、與報導人維持什麼距離，能夠親近到得以獲得研究資料，又不會太親近到觀點偏頗，大概只有身在其中的人類學家才能拿捏、揣度出一個答案。

那我自己又能和報導人靠得多近？我沒有答案，我只覺得每次相處都是往更靠近的方向前進。又或許我靠近的不是報導人，而是我自己。

許容慈
Hsu Jung-tzu

許容念很快會變成熊，所以綽號是熊。在政大歷經降轉、休學，好不容易到大四，又因群修沒修完要多延半年，覺得自己像學校的地縛靈。原本讀土文系，後來感覺自己不是喜歡語言本身，而是喜歡能透過學語言與不同文化背景的人交流、建立連結。對異文化很好奇也很敏銳，尤其是新住民、東南亞移工等在鄰里之中的異文化，因為不希望彼此像生活在平行世界般沒有交集，所以經常主動和他們聊天，就像文章中的Tina阿姨，想讓大家看見他們精彩的移動經驗與生命故事，從此也能對身邊的人感到好奇。
有個部落格叫「熱帶亞熱帶的熊」
https://vocus.cc/user/@tropic_subtropics

一個來自台灣的「侄人」

徐俊文

我發現當地人對於所謂「傳統文化」的態度，其實和我想像的很不一樣。我想，或許是因為這樣會勾起一些傷痛吧。因為自己特殊身分而被周遭排擠的那種感覺，應該沒有人想要繼續傳承給下一代，所以他們很樂意地選擇將這個身分，連同將近半世紀前的那場邊境戰爭一起遺忘。

我是什麼人？

「你是什麼人？」

這是一個我從小聽到大的問題，我從小生長的環境告訴我，當別人問起這個問題的時候，我應該回答：「我是客家人。」因為對我來說，客家人的認同告訴著我：我跟閩南人、外省人不一樣。阿公這樣告訴我；阿婆這樣告訴我；爸爸這樣告訴我；媽媽也是這樣告訴我。可是台灣並沒有要一個人登記自己是客家人、閩南人、外省人。對於客家人的堅持，好像也只是存在於我跟家人的不斷訴說中。「我們是客家人。」我們不斷地訴說著。

二〇一五年初夏，新學期開始不久，當時大二的我獨自坐在學校圖書館資料庫檢索室裡用著電腦。冷氣機轟轟地運轉著，低沉地發送著冷風，還有一股文山區特有的潮濕味，時不時提醒我還待在這個煩悶的台北。我在好奇心驅使下，點開了越南少數民族的頁面。一陣檢索後，我在漢語支的民族底下看到了一支特別的民族。

「Ngái？這不就是跟客家話一樣嗎？」我心裡這麼想著。

在當時的維基百科中，只是用幾行字提到他們說畲話，本身是畲族跟客家人混合的人群。因為在他們的語言當中的第一人稱叫作「Ngái」，所以被稱為艾族，但因為這個字就是「我」的意思，所以我就用客家人比較習慣的漢字，稱呼他們為「𠊎人」。

二〇一八年，我報考了政大民族所，我想接續我在大學時的發現，認真了解這群遠在越南，卻也說著客家話的𠊎人。

十一月，我成為碩士生的第一個學期。東北季風逐漸取代燠熱的西南風，夾帶著陣陣秋意向南邊吹來，這是我桃園老家二期稻作成熟，大家正忙著收穫的時候。但我對於研究目標卻還是很茫然。除了在台灣找不到研究越南客家人的老師，跟𠊎人相關的資料更是少到不行。

必修課上，系上新來的美國老師，也就是後來我的指導教授吳考甯（Courtney Work），要我們一個個報告每個人寒假的研究計畫。

輪到我時，我戰戰兢兢地站了起來。

「我應該會在寒假的時候去越南一趟吧。」我遲疑地回答道，但其實心底還是充滿著不確定。

「對，實際去一趟越南。」我又重複了一次。

「你確定嗎？」教授淺藍色的眼睛突然跟我對上了眼，平常和藹可親的樣子變得駭人。我被自己彷彿沒有好好讀書，以及找不到要研究的越南客家人資料的罪惡感嚇得不知所措。

「我希望這能對你的研究有幫助。」教授善意的語氣點醒了我，原本在心中臆想出的駭人面孔，剎那間又變回了平時親切的模樣，但當下我只想避開她那炙熱的期待。

尋找偓人村

終於來到太原省。去年四月，我在網路上找到了一篇報導，提到在越南北部[1]的太原省洞喜縣的化上社三太村還住著許多偓人。這個村落的居民則是自一九二〇年開始，陸續從較靠海的廣寧省遷徙到這裡的，跟當地的山由族以及其他民族通婚後，現在居住在這裡的族人已經有四百多人。

（二〇一九年一月二十四日，越南太原田野日誌）

我小心翼翼地打開電腦中的一篇電子報。在茫茫網路中，我找到了一則採訪，當中有提到在越南太原省洞喜縣（Huyện Đồng Hỷ, Tỉnh Thái Nguyên）有一個侄人聚集的村子，村裡有位長者，對侄人的遷移故事還很熟悉。於是，那個寒假，我買了一張機票、訂了太原的民宿，直接出發到越南。

一月河內的氣溫大概十幾度，整座城市都籠罩在寒冷又灰黃色的霧霾中。這是我第五次來到這個國度。因為接近過年，路上掛起了紅通通的越南國旗，居民也紛紛到花市

1 當代來自越南的新移民、移工，或是越南語學習者，常會以北越、南越及中越，描述地理上的區別，對應的是越南語中常說的 miền Bắc, miền Nam, miền Trung 的概念。歷史上，一九七六年越南統一前的共產黨政權也簡稱北越。筆者田野地點為統一後的越南北部地區，為避免混淆，文中若提到地理位置，皆寫為「越南北部」或「越北」。

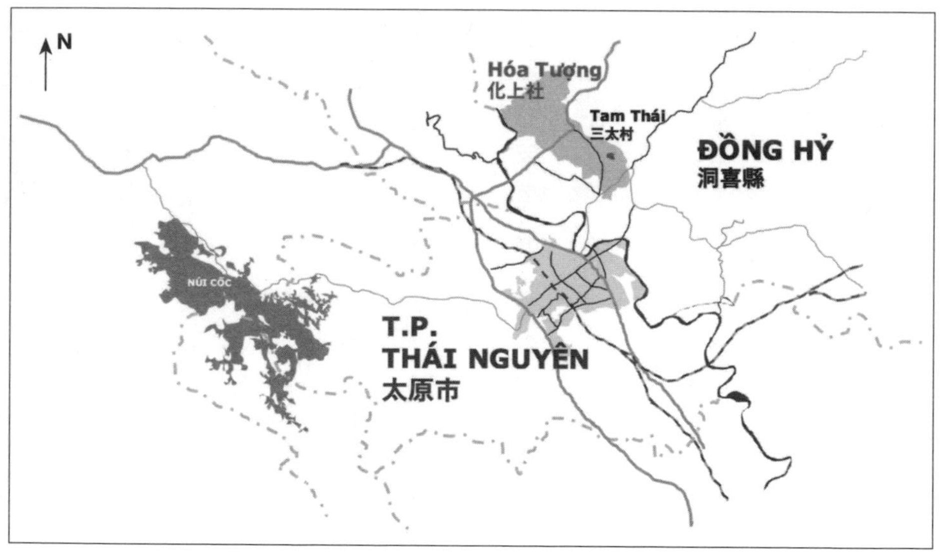
N
Hóa Tượng
化上社
Tam Thái
三太村
ĐỒNG HỶ
洞喜縣
NÚI CỐC
T.P.
THÁI NGUYÊN
太原市

買上一棵棵桃花樹回家裝飾。他們說花開得越美，這一年就會越順遂。我一個人站在河內的日新大橋（Cầu Nhật Tân）邊上，身上穿的是一件到越南才買的毛衣，正在等候前一天在網路上訂好、前往太原的小型巴士。來往的機車捲起一陣塵土，傳來一聲聲越南特有、按一下會連續響至少二十次的喇叭聲。心情好像又開始躁動了起來。因為一直到現在，我還是不確定侄人住在哪裡，甚至不確定自己是不是能夠找到他們。

突然，一台黑色的廂型車在我的前方停了下來，車上走下來一個穿著緊身牛仔褲的小夥子。

「Anh đi Thái Nguyên đúng không?（你是要去太原的對嗎？）」他向我喊道。

「Vâng, anh ạ.（對！）」我回應後就抓著行李小心跟了上去，儘量自然一些，不要一眼就被別人看出是個外國人。

汽車一路沿著國道往北邊開。太原是越南北部山區最大城市，也是越北僅次河內與海防的第三大城。因為靠近北部山區，太原省有許多來自北部各省的少數民族。經過將近兩小時的車程，我終於抵達了太原市。接下來司機要一一把我們載到各自的目的地，

年節期間，街上常常看到這種載著一棵桃樹的檔車。（徐俊文攝）

這也是我露餡的開始，因為司機聽不懂我說的越南語，直到跟民宿老闆通了電話，才順利把我送達住處。

吃過午飯後，我向民宿的主人借了一輛腳踏車，想自己到附近晃晃，試著找找報導中提到的三太村（xóm Tam Thái）。但越南行政區域的劃分方式有點複雜，問過住在太原的朋友後，他們也只跟我說他們不清楚，要我問住在附近的居民。

面對陌生的城市，我很快決定採取一個最簡單的方式——拿地圖給路人看。我從背包裡拿出筆記本，寫下這個村子的名字，然後直接問路人或路邊的小販，或者向附近的住戶打聽，請他們幫我在地圖上畫出三太村的位置。

「請問你知道三太村在哪嗎？」我一路問下去，如果行不通，我可能會再問：「請問你們知道這附近有侄人住的村子嗎？」但或許真的太少人知道這個村子了，我一連問了好幾家都沒問到，只好悻悻然地回到了民宿。

一九七六年南北越統一，分治多年的越南又變成了一個國家。然而這時越南境內卻出現了兩群華人。越南統計總局（Tổng cục Thống kê Việt Nam）一九七九年將居住在越南北部使用客家話的人群歸到同一個民族，命名為倠，而南方的福建人、廣東人、客家人、海南人等華人則被歸類為華族。然而從一九七七年開始，中國與越南關係漸趨緊張，越南境內出現大規模的排華現象，導致無法擺脫華人背景的倠人再次被迫以陸路的方式，越過中越邊境的關口回到中國。由於大量的倠人在一九七〇年代後期陸續離開越南，且學者們對於與中國相關的倠人研究有所顧忌，越南政府以及學界並沒有對這支新識別出的民族做出更多的研究。二〇一五年，向政府登記的正式倠人人口只剩下不到一千人。

不過到了晚上，民宿的老闆告訴我一個消息：二〇一七年第十二次越南共產黨中央委員會大會宣布，倠人和其他十五個民族共同被列為人數極少的少數民族，並希望各界加強輔導發展，學者們將開始進行倠人的民族誌調查。老闆有一位在越南少數民族事務委員會工作的朋友告訴他，今年開始，便會有學者開始到洞喜著手進行倠人的研究。太好了！看來我應該可以放心自己並沒有來錯地方，現在只希望不會跟民委會的人撞題目就好！

第二天一大早，我再一次跟民宿的老闆借了腳踏車，往昨天路人指的可能方向騎去。路邊的老人告訴我，由於越南政府後來在洞喜縣蓋了幾個軍事區，原本的路就斷了，老一輩的在地居民知道方向，卻不曉得要怎麼繞道到三太。我只好照著老人記憶的方向，慢慢騎著腳踏車，挨家挨戶詢問有沒有人聽過倠人。

我原先以為客家人應該會沿山而居，就一路沿著淺山地帶前進，每經過一個聚落，就抱持著一次期待，但遇到的都是另一支也習慣倚山而居的民族——山由族——的村落。

在淺山地帶晃了大概兩、三個小時，我突然闖入了一個新都市計畫區。歪歪斜斜地在新開發的路面上騎著腳踏車的我，想說要拐個彎轉進小路離開這裡，結果差點迎面撞上一個正要從田裡走回家的奶奶。

「喝！」奶奶被迎面撞來、騎著腳踏車的我嚇了一跳，遲疑地看著我。對於平均男性身高只有大概一百六十二公分的越南人來說，身高一百八十三又揹著一台單眼相機的我，也算是個龐然大物。儘管身上穿的是剛從河內服飾店買來的在地品牌時裝，但怎麼看都不像是住在這裡的人。我趕緊停下車，想跟奶奶打聽點倠人的消息。

「這裡就是三太啊。」奶奶回答我。

「那麼奶奶你是倠人嗎？」我期待地問道。

「不是，我是山由人。」奶奶搖搖頭回答。

剎那間，我差點被奶奶的答案嚇死，還以為之前做的功課都要付諸流水時，奶奶接著說：「這裡叫作寨村（làng Trại），倕人住在那裡的華村（làng Hoa）。」

奶奶用手比了比前面那條小路。倕人分布最密集的三太村分成兩個區域，一個是山由人為主的寨村，另一個是倕人為主的華村。我要找的倕人聚落還需要向前騎過一片田才會到。

告別了奶奶，穿過了一大片的高麗菜園和玉米田，進到了奶奶所指住著倕人的華村。村子口就住著一戶人家，一位婦女正帶著小女孩在玩球，她是我在華村遇到的第一位倕人，也就是那位接受電子報採訪者老的媳婦。直到這一刻，我心裡的大石頭總算放下，因為我終於踏進了這個從茫茫網路中打撈出線索的村子。

這是一座住了四百多五百人的村子，村中的居民現在都登記為倕族。知道我來自台灣，也能夠跟他們用母語溝通，幾位熱心的叔叔阿姨主動帶著我參觀村子，大致上走遍了整個倕人村莊。

我的田野有點土法煉鋼，沒有利用理論支撐，沒有嚴密的規畫，而每次我也都花上許多時間，在下一次的田野前反覆地檢討、修正我的田野方法還有研究內容。這種找不到田野地，或者一再陷入迷路的情況，好像成了我田野工作的日常。不過，尤其是在越南這樣正處於急速發展中的國家，每次去還真的都有新變化。一切都很難說。我也只能帶著這次蒐集到的訪談、照片回到台灣，準備下一個學期的交換申請。

田野入門課

到越南第一天。這次跟以往不同，不是朋友接送，也不是搭計程車到河內，而是選擇搭河內的市內公車到市區。但是因為很久沒有說越南語了，所以溝通方面對我來說還是有點困難，沒有辦法好好理解路人是要幫我看路（一方面也可能是我警戒心太重），還是要幹麼。

（二〇一九年九月七日，越南河內田野日誌）

二〇一九年九月七日，早上十一點三分，河內的天氣陰。華航的班機轟隆隆地降落在內排國際機場的航道上，距離上次來越南已經過了半年多。

出了海關，我不跟著觀光人群走，拉著三十公斤的行李箱離開機場的候車區。這裡接駁車的車資大概要三萬五千越南盾（相當於新台幣四十五元），比公車貴上四到五倍，但對於外國的觀光客來說，觀光接駁巴士舒適、寬敞、乾淨，有英文報站以及旅遊資訊的提供，還會直接把觀光客帶到河內舊城區。我選擇搭河內的市內公車進市區，因為搭一趟公車只要八千越南盾（相當於新台幣十元）。選擇這種方式，大概是逐漸習慣河內這座城市的運行方式，又或者想要證明我跟其他觀光客的不一樣吧。

我跟著幾個揹背包、看起來剛回國的越南人，搭上開往西湖區（Hồ Tây）的公車。一進到河內市區，最大的衝擊是整個城市成長變化的速度，才短短半年，路就已經變得快要讓我認不出來了，高速公路、捷運等設施也迅速完成。面對這麼快速的轉變，讓我對於接下來的調查感到興奮，也對自己目前的表現有點得意，覺得自己好像沒有那麼「外人」了。

「Anh muốn đến đâu?（你要到哪？）」車掌小弟突然走到身邊問我，一時間我又像上次來越南一樣，啞口答不出話來。

「Ạ... Hồ Tây ạ.（啊……西湖。）」我吞吞吐吐地說。

「八千。」他俐落收走我手上的一萬越南盾，然後迅速地從自己手中那疊鈔票中抽出一張兩千，還有一張車票給我。

剛剛還對自己的表現自信滿滿，卻突然因為回答的遲疑又懷疑起自己，一個語言其實不怎麼流利的外國人，幹麼要拖著一個大行李箱、學其他越南人搭市內公車？看看自己的行李箱還有手上緊抓著的車票，我開始不確定自己到底是個偽裝融入在當地人之中、能夠好好實踐參與觀察的觀察者，還是個當地人一看就覺得突兀的怪人。

在河內的朋友家住了一晚，隔天下午兩點半，朋友把我送達位於河內市西部的美亭車站（Bến Xe Mỹ Đình）。這是一個大型客運總站，匯集了許多駛往各省的中長程客運班次，當然，還有行色匆匆的旅客。經過一天的越南語洗禮，我已經慢慢抓回了我的越南語聽力。出門前，我換上前一晚到市中心買的越南版型上衣，比起台灣的版型，越南的衣服袖子短了些，也更貼身一點。搭上了前往太原的客運，花了將近四個小時才抵達目的地。這次我沒帶上笨重的相機，原本只是不想讓自己看起來像個觀光客，免得被扒手盯上，沒想到反而讓我更從容地用眼睛觀察附近景色。

下車前我向車掌說了聲謝謝。

「Anh là người H'mông hả?（你是苗人啊？）」車掌看著我，向我問道。

我微笑回答他不是。我的口音仍然透露著我跟他們的不一樣，只是同樣是亞洲人，對他們來說，來自亞洲「哪裡」，可能就沒這麼大的不同了。

到站後原本應該要有個叫作「陽陽」（Dương）的地陪來車站接我的，等了好一陣子卻沒看到他人，電話也打不通，我只好自己走回晚上住的旅館。後來才知道，因為車班遲了，所以他等了我一整個下午，等太久就睡著了。結果我一直到傍晚才見到他本人，也意外地發現他是個才十來歲的高中生，一百六十四公分的身高和一雙特別的單眼皮，乍看之下會讓人以為是韓國人。我們來到了太原市的武元甲（Võ Nguyên Giáp）革命紀念廣場，越南國旗聳立在廣場中的高塔上飄揚，廣場上聚集了賣瓜子、醃梅茶的小販，還有不分年紀的男男女女，玩著毽子或是跳繩。

我買了兩杯醃梅茶，和陽陽一起坐在廣場小販擺的塑膠椅上，原本想問陽陽有沒有聽說過「㑌人」，但陽陽卻先一臉好奇地看著我。

「發生了什麼事？」我問道。

「沒什麼，只是這是我第一次見到外國人。你不太像我想像中的台灣人？」陽陽回答道。

「哦？」他的回答讓我感到有趣，或許對他來說，台灣人的概念太模糊，因此他反而認為我更像是那些在太原

田野引路人陽陽。（徐俊文攝）

街頭經常見到的韓國人。

「你看起來更像韓國人。」陽陽補充道。這個答案真的是太有趣了，因為這好像不是我第一次在越南被認為是韓國人。之前入境越南，海關有四次用韓文跟我打招呼（還有一次是用日文，只有一次用中文）。而或許自從有韓國品牌陸續在越南北部設廠，越來越多的韓國文化也因此被帶到了越南北部，比如隨處可見的黑麵（炸醬麵）、辣麵（部隊鍋），還有冷麵，讓越南人將「亞洲外國人」的印象都連結到了「韓國人」，就像郭佩宜老師在《田野的技藝》一書中描述她在所羅門群島上的經歷，當地人認為外國人都應該是 Whiteman 一樣。

我可能是個不及格的偽裝者，總是想把自己偽裝成在地人，不過大家怎麼看，都不會認為我是個在地人。我想要偽裝的目的很多，想要避免被心存不軌的壞人盯上；想要掩飾自己的獨特，才不會一直被路人盯著看；想要好好地實踐參與觀察，當個完全參與者等等。不過，成為在地人本來就不只是換穿類似的裝扮、搭一樣的交通工具、說共同的語言，大家還是會一直注意到我的不一樣。後來，我對這件事情也釋懷了，因為當我漸漸能夠流利地用越南語和大家交談，儘管大家一聽我的口音就知道我不是在地人，但也能夠用對待其他越南人的方式對待我。

＊＊＊

晚上下了一場非常大的雨，落雷的頻率也非常密集，大概每兩秒就有一次落雷。越南的雷聲非常響亮，回音也非常響，讓我想到當初越戰會不會也是這個樣子，非常大聲的轟隆聲還有非常密集的閃光，讓人徹夜都睡不了。

（二〇一九年九月十一日，越南太原田野日誌）

第二天一早，我與越南的接洽人T老師碰了面。

「Welcome to Vietnam.」一進到辦公室，T老師向我說。

「Em chào thầy ạ.」我用越南語向老師打了聲招呼，T老師年紀看起來約莫二十出頭，帶著一副黑框眼鏡，在太原一所學校教外文，他是「我在台灣指導老師的學生認識的越南學者的學生」，透過很輾轉複雜的關係才認識，而當初就是請他幫我申請越南的留學簽證。

老師交代了一些注意事項，包括我得把接下來研究的採訪題目都翻譯成越南語，這樣他才能夠跟公安局報備。出國前我已經聽說了很多在中國或是越南等社會主義國家進行田野工作的經驗，所以對於跟公安報備這件事，我並不感到意外。

「那我應該到哪個單位繳學費呢？」我用越南語向老師問道。

「直接給我就好了，因為學校的制度太複雜了，你就交學費給我吧。」T老師說。

就像之前他在信中所描述的，我把五百美金交給了T老師，作為一個月的學費。不過T老師也告訴我他的專業是英文，因此無法實際指導我，也無法提供住宿，更無法提供越南的學籍。這讓我感到有些失望，我只能告訴他我要考慮幾天。老師答應我，幾天後他會試著把我介紹給其他老師。

與T老師會面結束，我搭著他幫我叫的計程車，獨自前往洞喜縣。抵達上次住過的民宿後，我向民宿老闆借了電動摩托車，直接駛往三太村。村裡的人對我上次的造訪仍然記憶猶新，所以這回的突然到訪，他們沒感到意外。上次提供我住宿的光榮叔叔帶我在村子裡漫遊，與上次見過的叔叔和阿姨打招呼，大家也都非常歡迎我在村裡學越南話。他們甚至給了我一個稱號，叫作「台灣倕」，因為我能說客家話，卻來自台灣。

我回到洞喜的民宿後的那晚，整個太原省包括洞喜縣和太原市下了一場非常大的暴雨，市區淹大水。淹水持續了三天才終於退去，而在我被困在洞喜的第二天，住在太原市的小玲騎著車來接我。

小玲是我年初來越南時，跟我同一班機的越南籍留學生。二十幾歲的她到我的家鄉桃園讀碩士，當時正好要回越南，我們倆在桃園機場的候機區聊了起來，就這樣認識了。沒想到，半年後換成我到她的家鄉留學。小玲載我回市區路上，我突然興起，便跟小玲問道：

「咦？越南的學費好像不比台灣便宜耶。」

「不會啊，越南學費折合台幣才三、四千而已。外籍生大概也不會差太多吧？」小玲答說。

「真的嗎？我交了五百美金。」我回答說。

「一學期這樣是有點多，可能因為是外國人吧。」小玲皺著眉頭回答。

「咦……可是老師是一個月就收我五百美金？」我困惑地回答。

小玲聽到之後，眉頭皺得更緊了。「弟弟啊，這有問題。我幫你查看看。」

我這時候才突然察覺到我好像被多收錢了，而且老師之前是要我把錢交給「他本人」。

小玲立刻幫忙確認，發現T老師根本沒有用學校的名義提出我的交換申請，我只是T老師接待的外籍訪客而已。

看到小玲傳給我的訊息，我開始慌了。我真的被騙了嗎？還是其實我誤會T老師了？不知所措的我打了通電話回台灣，向我的指導老師考甯求助。

「或許你應該先到太原科學大學，找找有沒有當地的老師能幫助你。」

隔天一早，我一個人搭上了摩托計程車（xe ôm）到太原大學附屬的太原科學大學

（trưởng Đại học Khoa học Thái Nguyên）。我走進學校內的大樓，在走廊上一間一間地尋找著「Khoa Dân Tộc Học（民族學）」的牌子。

「Em ơi, em có việc gì?（同學，有什麼事嗎？）」

在走廊上，一位老師叫住了我。向他說明來意後，他立刻幫我打了一通電話，並把我帶到國際學生事務處找一位林老師。林老師是負責國際學生事務的專員，他招呼我坐下後，開始泡起了茶。

泡茶，是越南招待賓客常見的方式之一，男主人會讓賓客在客廳或是院子的茶几前休息，泡上一壺茶，往往就是在這個時候跟客人聊上幾句。不過，越南人要跟你討論重要的事情之前，也很常先泡上一壺茶。林老師從桌下拿出了幾個玻璃杯、一個已經裝著熱水的保溫壺，他先把水倒入茶壺，然後加入一大把的茶葉，遞了一杯熱茶給我。

「我是從台灣來的訪問學生，現在正在做關於越南倠人的田野調查，不過也想來了解一下太原科學大學這裡的民族學。」我主動向林老師提起我來越南的目的，也大概跟他說明了我可能還在T老師那接受指導，只是收費上讓我覺得有點高。

「或許我可以跟你分享我們學校的狀況，不過並沒有鼓勵你一定要來我們學校就讀。」林老師先解釋了自己的立場，接著向我介紹他們學校的越南語班。這裡三個月的課程只需要兩百元美金，並且有提供宿舍，而我也可以用越南語班的名義獲得越南的學籍。這聽起來比我原本的計畫好太多了，所以我很快地接受林老師的建議，並且順理成章地從T老師的學校轉到太原科學大學就讀。

在確認報名手續以及注意事項之後，林老師說還有一位老師希望能夠

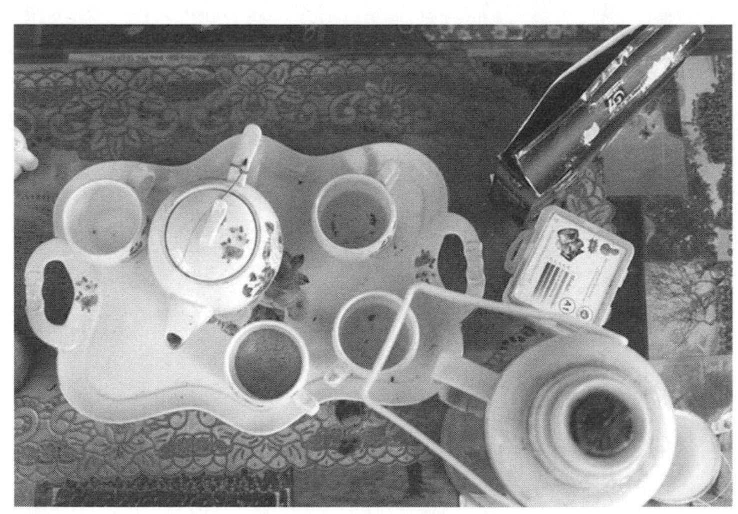

越南幾乎家家戶戶都有像這樣的茶盤和熱水壺。（徐俊文攝）

見我一面，要我在辦公室等一下。我一個人坐在辦公室的沙發上，剎那間覺得好像什麼事情都解決了，那一瞬間，我哭了。來到越南的第六天，我突然在一所跟在台灣時規畫完全不一樣學校的國際學生處哭了起來。

或許是因為這一切跟我出發前規畫的太不一樣了。出發前，我以為就是簡單地到一個陌生的地方，然後對當地人訪問、記錄，完成我的田野。但來到這裡之後，突然出現了好多問題。留學韓國的林老師並沒有抬頭，就讓我一個人在沙發上啜泣著。或許他也知道，這就是留學生自己要面對的一些功課吧。

忘記哭了多久，我好不容易擦乾眼淚，眼前突然出現一位穿著傳統越南長衫，非常具有威嚴的女性。她叫作范氏芳太（Phạm Thị Phương Thái），是這所學校越北民族相關研究中心的負責老師。她說她剛好在不久前接到了一份關於佢人的研究計畫，目前有一個三人工作團隊，正需要一位能夠聽得懂佢語的人加入。芳太老師在問過我的意願後，和林老師說了幾句話，就讓我直接加入她的研究團隊。

隔天，我帶著一盒茶葉去拜訪T老師，請他同意我轉學，並希望他能夠把我之前交給他的五百元學費直接轉到太原科學大學。T老師把錢退還給我，並表示由我直接交給太原科學大學比較好。直到此時，這段有驚無險的學費風波才算告一段落，而我也才算真正開始了我的田野。

北泮客家阿婆的岱依族頭巾

抵達府通市鎮之後就看到很多門口貼著五福紙的人家，一問之下才知道，這裡住著很多岱依族，在一九七九年戰爭之後，許多俓人改登記為岱依族。再進一步詢問他們是否知道俓人裡的大眾俓（俓人一個分支的名稱），他們表示不知道。

（二〇一九年十月十二日，越南北泮田野日誌）

原本我前往越南的目的是做俓人的民族誌調查，理解他們目前生活樣貌與文化傳承上遇到的瓶頸。但在越南進行了一段時間的田野調查之後，我慢慢看到一條幾十年前，倠人們都走過的路。一條逃難的路。

跟著芳太老師的團隊一起工作，的確讓田野順利了許多，我也漸漸熟悉外國人在越南進行田野的模式。那天告別了T老師，回到三太村就聽說早上有幾個公安進到村子裡找我，不過後來聽說我有了太原科學大學的學籍後就走了。而接下來在太原的訪談也因為有了太原科學大學開立的「介紹證」（giấy giới thiệu），我一個外國人得以自由進出田野地，不會讓當地公安感到不安。

過了幾個星期，研究團隊遇到瓶頸，因為單純做太原地區的調查，能蒐集到的資料實在太少了，這段時間三太上上下下應該都被我們訪問透了。

「這樣的資料，我根本很難寫出文學相關的論文啊！」學姊悶悶地說道。我們這一組有我和兩位學姊，她們一位是越南本地人，另外一位是來自中國雲南與當地少數民族認識通婚的越南新住民，因為跟著芳太老師的關係，她們便分別做起了關於倠人的文學與自然觀念的研究。我們三個坐在學校「北部山區少數民族文化語言研究中心」辦公室裡的大木桌旁，為各自的學術生涯憂慮了起來。

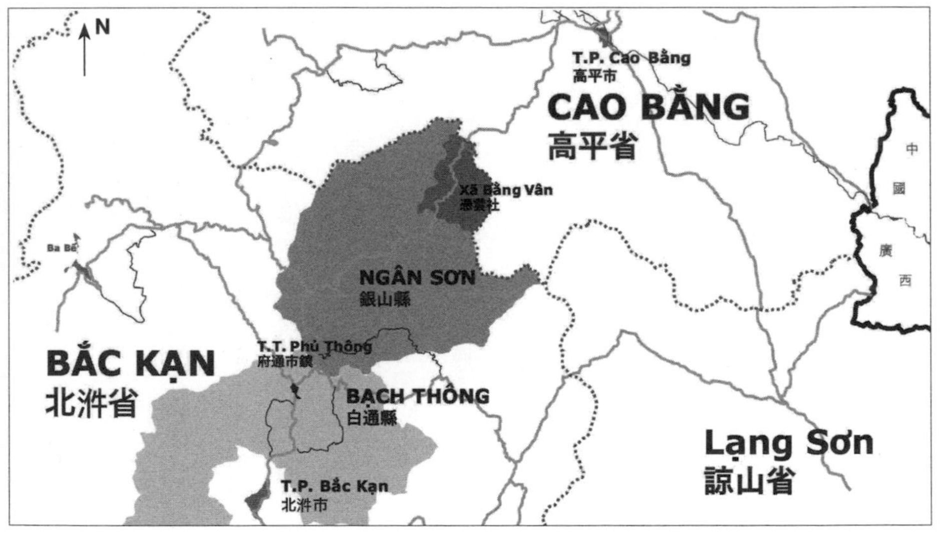
N
T.P. Cao Bằng
高平市
CAO BẰNG
高平省
中
國
廣
西
Xã Bằng Vân
憑雲社
Ba Bể
NGÂN SƠN
銀山縣
T.T. Phủ Thông
府通市鎮
BẮC KẠN
北汫省
BẠCH THÔNG
白通縣
Lạng Sơn
諒山省
T.P. Bắc Kạn
北汫市

「你們都已經到這了呀，下星期我們去北泋吧！」木門突然被推開，芳太老師從隔壁的國際合作辦公室走了過來，手上拿了一份助理剛整理給她的資料。「我們打聽到在北泋有個地方還住著侼人。」老師一邊說，一邊把資料遞給我們。

循著太原科學大學老師提供的線索，研究團隊前往北泋省府通市鎮（thị trấn Phủ Thông）。北泋省是越南北部進入東北山區的重要道路，位在太原省的正北方，再繼續往北走就會與中國廣西的崇左還有百色接壤，這樣的地理位置使得北泋省成為一個民族組成非常多元的省份。府通市鎮是坐落在越南國道三號（Quốc lộ 3）上岔路口的一個小鎮，從省會北泋市往北走不到半小時的車程，東邊通往岱依族的聚居地，同時也是越南的觀光名勝三海國家公園（vườn quốc gia Ba Bể），西邊就是中越邊界的省份——諒山（Lạng Sơn）。

街道上人來人往都是岱依人，若不是之前聯絡了地方上的幹部，我們還真的很難看得出來這裡曾經住了許多侼人。

抵達府通市鎮後，在地方幹部的安排下，我們訪問了幾位居民，他們大多是祖輩與侼人通婚的後代。

身穿傳統服飾的岱依族小朋友。（徐俊文攝）

「如果是岱依族的歌曲，我還能唱不少。但𠊎話的歌我就不懂了。真正的𠊎人早在一九七九年就回去中國了。」一位受訪的道士（thầy tào）這麼告訴我們，他的爺爺是𠊎人，但家人在上個世紀把身分登記為岱依族了。

「不過如果你們要找還會說𠊎話的人，就到前面路口去找吧！」道士邊說邊指向前面路口：「你會遇到兩位老人，大概八十多歲。」

我們循著道士的指引，果然在路口遇到了一對八十多歲的姊妹——英妹與梅妹。她們來自憑雲社（xã Bằng Vân，舊稱憑扣社〔xã Bằng Khẩu〕），姊妹倆一起嫁到府通。

當時兩位阿婆正要去為在蓋新房子的孫子們準備午餐，就被在鎮上做田野的我們遇到了。新家就蓋在大馬路旁，是兩層樓的新式樓房。阿婆說，這裡曾經是一個很繁華的地方，但是很多年前發生了一些事，大家先後都離開了，留在府通市鎮的她們經過多年的努力，才終於存夠錢，能蓋一棟新的房子。現在，英妹婆婆與梅妹婆婆家是府通市鎮上為數不多的華僑家庭，他們自稱客家人，也自稱華僑人，不過因為說的話和𠊎人基本上互通，所以被政府劃分為𠊎人，也被叫作客家𠊎，或是流民𠊎。而很難想像的是，府通市鎮其實就是一條由華人所建立起來的街坊，大概四十多年前，這裡還住著整條街的華人。

英妹婆婆與梅妹婆婆不是本地人，出身於府通市鎮東北方四十公里遠的憑雲社。年輕的時候，姊妹倆常常一早騎著腳踏車到這裡的華人街做買賣，做著做著就認識了彼此後來的丈夫，後來兩姊妹就一起嫁到府通市鎮，開始了種茶還有賣河粉與米粉的生活。

兩位阿婆的客語非常流利，所以我們很好奇她們還記不記得過去唱的山歌，或是這裡有什麼特別的文化，但結果卻讓我們感到有些意外，因為她們已經不記得什麼以前的歌曲了，只說後來發生了戰爭，大家都離開了這個地方。

「山歌都被帶到南方去了。他們都走了。」英妹婆婆向我們說起了她一段故事。

英妹婆婆原本有七個孩子，一家人就在府通市鎮種種茶、賣賣河粉和米粉糊口。一九七五年，才剛解放南越的北越政權與柬埔寨發生衝突，好不容易才結束長達二十年戰亂的越南再次陷入戰爭。因為南方需要更多的人力，英妹婆婆的大兒子被徵召入伍，最後不幸戰死在柬埔寨。同一時間，越南本土也掀起了一場排華風波。英妹婆婆的丈夫、孩子在這一場風波中為了生存，留下行動不方便的英妹婆婆，逃到南方華人比較多的地方尋求庇護。這場排華風波也讓熱鬧一時的府通市鎮，最後只剩下零星幾戶的華僑家庭。

這時，我注意到英妹婆婆頭上盤著一條黑色頭帕。英妹婆婆說每天只要出門上街，就會把那條黑色頭帕盤在頭上，若沒聽過她的故事，從外觀上看來，她和街上的岱依族婦女並沒有什麼不同。

「其實我也不知道這個頭巾是做什麼的，應該是戴著好看、戴著漂亮

盤著黑色頭帕的英妹婆婆。（徐俊文攝）

吧！我們倕人以前是不戴這個，這個是他們岱依人才會戴的。」

英妹婆婆坐在家中的竹凳上對我說。「但是後來倕人走了，岱依人來了，住在這裡的倕人也開始不敢在外面說倕話，都改說岱依話跟越南話，只有回到家裡才偶爾會說倕話而已。」

英妹婆婆綁起頭巾，走出門外，用越南語問我：「戴上頭巾後，你看我這樣不就跟其他人都一樣了嗎？」但在英妹婆婆的舉止之間，我卻感覺到了倕人生活在越南滿滿的無奈。一百年間，因為無數次的戰火，倕人不斷地被迫遷移，離開了熟悉的家園，也讓摯愛的家人被迫分別。

臨別前，英妹婆婆告訴我們，她還有一個住在憑雲的姪子，名字叫水養，從前有去過河內讀書，或許我們可以去問問他。之後，英妹婆婆就向我們道別了。看著英妹婆婆沒入人群的背影，就像是在府通這個小市鎮中的倕人，漸漸地把自己淹沒在岱依人市集裡熱情的叫賣聲中。

那條俹人走過的路

一八六五年，大清國已經經歷了十多年太平天國的動亂。這個發源於廣西邊界、以客家人群為主的反抗軍事群體，在經過十多年的抗爭後逐漸走向衰亡。但在經過十多年的軍事武裝抗爭後，清國南方變得難以經營生計，也因為擔心受到清軍的報復，一群又一群來自兩廣地區的太平軍、義軍，或是一般平民，從廣西及雲南穿過當時的清越邊境，經過興化省，進入岱依族、儂族較多的諒山，建立了自己的街市。

（二〇一九年十月十二日，越南憑雲田野日誌【資料整理】）

我們順著英妹婆婆給的指示，前往北浒省憑雲社。車子搖搖晃晃地開進了北方的大山之中，順著大山蜿蜒的走勢來到一處山坳。山坳裡的建築明顯與越南其他地區不同，反而出現了中國嶺南一帶很常見的騎樓。這裡聚集了非常多的流民俹。

我們挨家挨戶地問，終於找到了英妹婆婆的姪子水養。今年已經七十二歲的他卻能夠說著一口流利的華語，著實出乎我們意料，不過更讓我們意外的是這裡居民對於外來者的態度。或許因為這個村落不在現有的主要幹道上，村子裡不常有外人，除了水養爺爺，其他居民似乎並不太歡迎我們的到來，又或者帶著點排斥，不太搭理我們的詢問，只是上上下下打量我們一行人。最後因為天色也不早了，我們和老師就早早離開，返回太原。

幾個星期後，我獨自一個人搭上客運，想要再次拜訪英妹婆婆、梅妹婆婆還有水養爺爺，但當我抵達府通後，英妹婆婆卻告訴我，水養爺爺在一個星期前過世了。英妹婆婆送我上了前往憑雲的班車，我突然不知道下一步應該怎麼辦，加上出發前吞了一顆暈車藥，一路昏昏沉沉地再次晃到山坳裡的憑雲社。下車後，我先到憑雲街區找了一間旅館投宿，心想明天再碰碰運氣吧。

晚上，我走出飯店，走到了黑漆漆的大馬路上，北邊不遠處就是高平省邊界，再過去就到中國了，比起南邊來時的山路，往北的道路看起來更加筆直。我順著夜色中的柏油路走到了一間雜貨店前，在微弱的燈光下，一位年輕的老闆正在替小孩餵奶。

我拿了一瓶水和一包餅乾，突然看到貨架上有不少寫著簡體字的中國商品。

「姊姊，你這裡也賣中國的東西啊？」我習慣性地和老闆攀談起來。

「對啊，這裡也是去中國的路，所以就放著些。」

「那你有聽說這裡有華僑人嗎？」和當地人的閒聊我通常都講越南話，但華僑人三個字我是用侄話的發音說的。對當地人來說，「華僑人」已經變成一種對流民侄的稱呼。

「我就是啊，我爸爸是華僑人，

憑雲社的騎樓式建築，在越南籍的芳太老師看來頗為新奇。（徐俊文攝）

媽媽是岱依人。我應該算混血（con lai）吧。」老闆回答，「不過很多人都已經走了，一九七九年打仗前就順著這條路回中國了。」

老闆指的應該是一九七九年中越關係惡化所導致的中越邊境戰爭，當時有大量的越南華人因為受到迫害，走陸路逃回中國。老闆看著眼前這條黑漆漆的馬路，好像感覺到當時肅殺的氣氛。

隔天早上，我獨自走在憑雲的街上，一個老人叫住了我。

「Mày ở đây làm gì?（你在這裡幹麼？）」

這個人是水養爺爺的弟媳阿六（bà Sáu，以下稱呼她為六奶奶），我跟老師還有學姊們之前並不知道水養爺爺還有一位弟弟，叫作富倫，也住在憑雲。

「你自己一個人來？太危險了，以前這裡很多強盜，很不安全，你趕快回去吧。」六奶奶一方面擔心我的安全，一直勸我回去，一方面卻又很熱情地邀請我跟她還有富倫爺爺一起吃午飯。

「我外孫也在太原科學大學讀書，但很久沒有回來看我們了。」六奶奶一邊添飯一邊對我說。說著一口流利侹話的六奶奶其實並不是憑雲人，更不是侹人，而是住在太平省的京族。二十一歲那年，六奶奶嫁給了在河內讀書的富倫爺爺，也就是水養爺爺的弟弟，之後就跟著富倫爺爺回到憑雲。

時間回到一九七九年，中越關係惡化，河內、太原、北泮等地陸續出現排華運動，許多華僑人被迫放棄家產，只帶著簡單行李就往邊境的關口走，府通市鎮和三太村都在這場風波下受到影響。原本在河內當中文老師的水養爺爺和富倫爺爺也丟了工作，被迫躲回憑雲老家。但憑雲這個地方其實並不是他們想久留的地方，憑雲只是當時經過高平省逃回中國這條重要路線上，最後一個落腳地。憑雲的居民主要是岱依族和華僑人，抵制聲浪沒那麼強，所以逃難的人會待在這裡休息一下，再往北邊的關口走。原本水養爺爺兩兄弟一家是要一起逃回中國的，儘管他們已經在這片土地生活了九代，但當時的政治環境卻不容許他們繼續待下去。

「我們原本要跟著那些逃難的人一起到中國去的，」六奶奶說，「但誰知道那天下午，關口突然提前關閉了，我們就去不了了。」

為了我的訪談，水養爺爺仔細地翻找自己在河內教中文時使用的教材。（徐俊文攝）

或許，大部分住在這裡的人都還記得四十年前的那場風波。大家都曾經被迫放棄祖先辛苦耕耘的結果，離開這個自己已經視為「家鄉」的地方，卻因為某些因素，又再次被留了下來。這樣的傷害對他們來說太強烈了，所以才會對這個國家的政府，甚至是當初排擠他們的其他越南人產生敵意。而我幸運地有機會遇見身為京族的六奶奶，以及曾經在河內教書的水養爺爺，願意告訴我這段大家已經不太想再提起的回憶。

六奶奶給了我一袋桃子，或許她真的把我當孫子看待。回程，我攔下一台從邊境開往河內的遊覽車，拜託司機讓我搭個便車回太原。坐在滿滿是河內來的觀光客的遊覽車上，看著車子順著這條倕人當時逃亡的路，往河內開去，我慢慢拼湊出倕人在這塊土地上的故事。

在幾個星期密集的田野調查之後，我發現當地人對於所謂「傳統文化」的態度，其實和我想像的很不一樣。他們認為舊的東西就應該被遺忘、淘汰，就像他們已經放棄的服飾、宗教，甚至包括即將消失的語言。儘管當我用客語和他們交談、記錄下他們的歌謠時，他們仍然很樂於分享，但當我問起他們願不願意教自己的孩子唱山歌，或是願不願意讓村裡的小孩學偓語時，他們卻又認為沒這個必要。我想，或許是因為這樣會勾起一些傷痛吧。因為自己特殊身分而被周遭排擠的那種感覺，應該沒有人想要繼續傳承給下一代，所以他們很樂意地選擇將這個身分，連同將近半世紀前的那場邊境戰爭一起遺忘。

過了一個星期，芳太老師帶著我們前往在越南的最後一站——北江（Bắc Giang）。

什麼是認同？

今天前往北江省，因為這裡正在舉行打大幡的儀式。這是一個聯合偓人、廣府人、山由族的活動。到了現場，我發現當地所謂的華族，其實就是我們找很久的偓人。他們大多數說偓話，當地只有一戶姓陳的住戶是講白話的，不過大多數的居民也會說白話。對於北江省的華族（或者說是偓族）來說，打大幡並不是一件罕見的事，但卻是這個村子七十年來第一次。

（二〇一九年十月十九日，越南北江田野日誌）

北江位在太原隔壁，但不同於太原的淺山地形，北江由於陸南溪流過的關係，大部分地形相對平坦，而翻過北江省東面的山脈就是大家熟知的下龍灣所在地廣寧省，還有曾經是華人重鎮的河檜（Hà Cối），我在台北訪問過一位近百歲的梁爺爺，他年輕時就住過這裡。

車開在國道上，經過韓國Samsung，一家家中國製造廠，韓文、日文、中文交錯林立在路旁越南語招牌之中，一座座的廠房無不凸顯出北江是座外資雲集的代工城市。再往前駛去就是一大片的荔枝園，我們大老遠就聽到了鑼鼓還有嗩吶的聲音。對於越南人來說，嗩吶是一個屬於少數民族的象徵，不過震天的嗩吶聲倒是讓我有點想起台灣的廟會，而這一聲聲的嗩吶上一次在這個村子響起，也是七十年前的事情了。

我們把車子停在幡場外圍的旱地裡，大幡場中間豎立了一根參天的大幡竹，數條幾十公尺長的紅布，上面寫滿了祝文，展在大幡竹的周圍。負責這場儀式的是一群被稱為「大幡師」的法師，他們大多來自越南南部，因為就像英妹婆婆所說的，在那個年代，

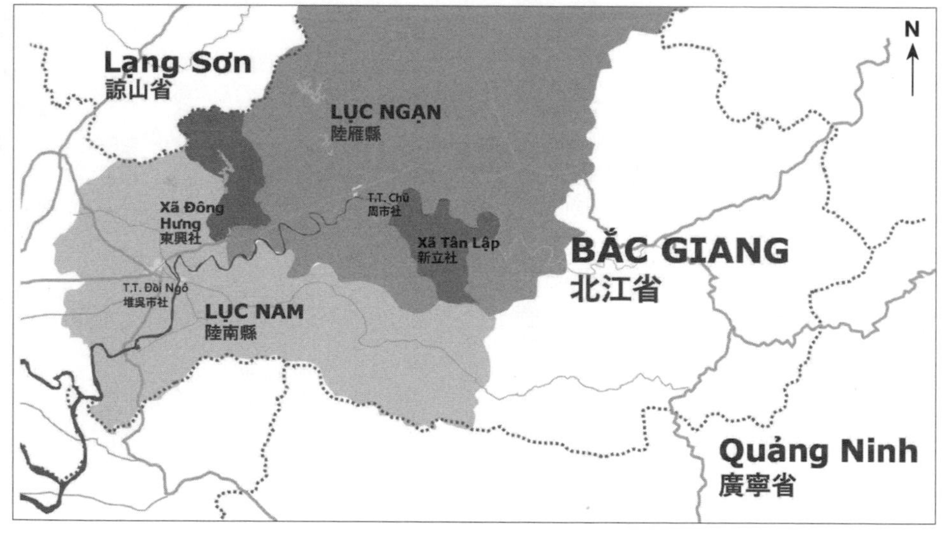
N
Lạng Sơn
諒山省
LỤC NGẠN
陸雁縣
Xã Đông
Hưng
東興社
T.T. Chũ
周市社
Xã Tân Lập
新立社
T.T. Đồi Ngô
堆吳市社
LỤC NAM
陸南縣
BẮC GIANG
北江省
Quảng Ninh
廣寧省

大部分懂漢字或是讀過書的人，都逃到南方去了。這一次，當地的幹部用民族傳統文化保存的名義，好不容易把這群大幡師們從大叻、同奈等地方請了過來。村裡的小朋友成群結隊地跟在大幡師身後，探頭探腦地看著他們穿著碎花做的大襟衫，不停地在幡場上來回旋轉、唱著跳著。對這些小孩子來說，這太新奇了，每個人都想看看這些從南方請來的法師到底在做些什麼。

不過最讓我驚豔的是，這些路上的孩子們流利地使用偓語溝通，村裡負責接待的幹部告訴我們，這裡的居民們的祖先也來自廣寧的河檜，就和太原的偓人一樣。然而，北江一帶的偓人卻好像沒有受到七〇年代中越邊境戰爭帶來的影響，這個鄉間平原上的這個村子，連同附近的幾個聚落，意外地成了越南北部最完整也最大的偓人分布地。

幡場中，我和來自中國的學姊兩個人不停地在人群間來回穿梭，對於同樣熟諳華人文化的我們來說，儘管是第一次來到這個地方，可能因為語言，或許還有充斥著整個會場的漢字，讓人有種說不上的親切感。

「你們如果要找會唱山歌的人，那就要去找李婆。」村長夫人這樣告訴我。為了學姊的論文，我們沿路逢人就問，到底有誰還記得佴人的傳統民謠。村長夫人所說的李婆，就是這個村子裡最會唱山歌的老人。李婆小時候跟妹妹一起在北江街頭賣過藝，不過長大後，怕被身邊的京族取笑，就都不唱了。

順著村長夫人指的路，我們走進了李婆的家。淺綠色的屋子裡，一位有著一雙烏溜眼睛、身穿深紫色短衫、頭上一樣綁著一條黑帕的老婦人，正在跟芳太老師聊天，原來老師已經早我們一步找到了李婆。

其實早在我們抵達的幾天前，地方幹部就已經來邀請過李婆在這次的大幡盛會唱幾首山歌。但李婆覺得唱這些別人聽不懂的歌會被取笑，所以怎麼也不肯答應。芳太老師也和李婆交涉了許久，最後我靈機一動，以「一首換一首」的方式說服李婆：我先唱一段台灣客家山歌，再請李婆教我們越南佴人山歌。

佴轉到本地江水清油油，
佴見到妹阿洗衣眼淚流。

我的爺娘，
我的嬸嫂接遠愁。
今日洗衣明日嫁，
念著新夫眼淚流。

（二〇一九年十月十九日，越南北江田野日誌）

李婆一連唱了好幾段，然而我們卻無法辨識出她唱的詞句，就算錄音回放個好幾次也聽不出頭緒。

「這是客家話嗎？」學姊納悶地向我問道。這時，旁邊一位年輕人用中國南方口音的普通話開口解答：「她唱的是白話。」

白話就是粵語。李婆解釋自己過去常常去廣東人聚集的市集賣藝表演，為了迎合廣東觀眾，逐漸習慣性地將歌詞改編成白話版本。李婆看著剛剛替她說明這位、年紀相當於她孫子的年輕人，然後對我們說道：「這是我中國回來的姪子，他回來打大幡

大幡幡場。(徐俊文攝)

的。」

年輕人叫作子龍，現在住在廣東清遠，他的父親在中越邊境戰爭那年從北江移民回中國，最近過世了。不會一句越南話的子龍，靠著從小說到大的侹話，還有爸爸提過、自己依稀記得小時候住過的地名，從中越的邊境一路摸索，帶著爸爸回到北江。也是為了這一場大幡盛會，他要帶著爸爸走過幡場為亡魂們準備的過火煉儀式，好讓爸爸能夠心安地離開。

天色漸暗，廣場上的陽光被逐漸點起的燈火所取代，樂師們的嗩吶聲再度響起，廣場中架起了兩座高聳的紙紮樓，一頭坐著青面獠牙的大士爺，手上拿著一面寫有「分衣施食」的白令牌，腳下踩著「沃蕉山下五音十類男女孤魂座位」[2]的牌位，帶領亡魂超脫。而另一頭，兩名頭戴花球帽的大幡師，在三清道祖的掛軸香案前，腳踏著七星步，

2 此為筆者在田野地的紀錄。不過查資料後發現，其他的華人地區好像多寫作「沃焦山」，指舊《華嚴經》中所記載，大海底下的巨大吸水石。

不時跪下、跳起。氤氳之間，大幡師用手指夾著一隻水牛號角，快速在指間來回旋轉，另一隻手則握著串上銅錢的鈴刀，不斷地在掌間拍打，發出錚錚錚錚的響聲。

打大幡原本是倕人和山由人超度意外往生亡魂的儀式，期待透過儀式，能讓原本因凶死而不能進到房子裡的「不淨者」靈魂，能夠被超度而離開苦難，早日超生。

惟冀使者愛納受，愛納愛受生歡喜，
願生歡喜荐亡魂，一荐亡魂早超昇。
早匕超度往西方，真魂上天孝獲福。

抄自大幡師甘旺四郎手書（二〇一九年十月十九日，越南北江田野日誌）

在大幡師們齊聲唱著的當下，周圍早就圍起一層又一層的人牆，除了湊七十年來第一次的熱鬧，人們還帶來了一棟棟華麗的紙紮洋房，作為亡者在另一個世界的新家。七十年來，北江經歷了大大小小無數場戰爭，多少人流離失所，多少人再也回不了家。

已經太久沒有舉行打大幡的儀式了，原本一棟只寫一個名字的紙紮房，這回都寫上了各家姓氏，代表家族中不幸過世的先人，還有那些不及從國外趕回來參加大幡儀式的族人。

隔天下午，村民們捧著過世親人的神主牌，跑過了在幡場中生起的熊熊炭火。子龍也帶著爸爸，走過了這輩子最後的這一段路。對於還活著的人來說，親人離開的不捨或許一時之間還難以放下，但衝過炭火的那一剎那，也象徵著告訴自己，要試著接受

青面獠牙的大士爺。（徐俊文攝）

一段不再有他或她參與的人生，是對未來的期待。

這場打大幡以保護傳統民族特色文化的名義，順利落幕了，幹部們看起來非常樂見以文化形式呈現的打大幡，也藉此展現政府對少數民族的關心。不過我想，可能還有一部分的原因是，幹部本身也是當地華人，可能也真的想透過這一次打大幡，讓住在這裡的僙人能夠了卻戰爭和動盪帶來的心結吧。

留下來的人還要繼續走

（我最後傳給陽陽的訊息）

二〇二一年三月三十日，晚上九：四四

哥哥我手機開通知了，你要打電話就直接打給我唷！

等等十點下課，

下午一點鐘響，坐在辦公室工讀的我，打開了桌上的筆記型電腦，依照指導教授考甯給的意見，繼續趕稿我的論文。其實本不該拖延成這樣，但我把這筆帳都賴到了二〇一九年底全球Covid-19疫情的頭上。因為這場疫情，台灣、中國、越南之間的往來變得非常困難，我原本的規畫也整個被打亂，我三年沒有再回到越南繼續我的「田野調查」。

二〇一九年十二月底，為了找更多的文獻佐證，我回到了台灣。我和越南朋友約好過完年就會回去越南，但二〇二〇年以後的疫情，打破了約定。不過，這三年裡，我與田野的受訪人、我的地陪、太原科學大學同學們的聯絡卻不曾中斷，好多人還在等著我回到越南，進行後續的調查也好，再和當初那個好奇心十足的「台灣倠」見個面，一起坐下來喝一杯咖啡、吃一口螺肉粉也好。

這三年之中，非常遺憾地，幾位訪談過的報導人相繼離開了，包括太原三太村的耆老、在北江把我當作孫子的李婆，都在這段期間因為年事已高，先走一步。不過當中最讓我難以接受的是高中生地陪陽陽，他在二〇二一年因為意外過世，就在我跟他通完話沒多久。在接到這個噩耗後，我好幾個月都不能自已。想要見一見田野地的大家，卻見不到，我覺得這對一個做田野的人來說是最惋惜的事情。

曾經在越北璀璨發光的倨人文化，還有用血淚寫下的遷移歷史，也漸漸地隨者長輩們的離去，一同化入塵土之中。我眼睜睜地見識到這個文化的流失，過去沒有人記得的歷史，再過幾年可能真的連一點蛛絲馬跡都找不到了。我也質

我（右三）跟著芳太老師（左三）與學姊們在李婆（右二被遮掩處）家採集山歌和訪問。（李婆女兒攝）

疑過我自己，需要這麼替他們擔憂嗎？或許，被同化對他們來說並不是什麼壞事吧？一直到後來，我認識了一群來台留學的侄人留學生所組成的侄語共學團，發現其實還是有很多在地人關心自己的語言和文化，只是在當前的社會環境下，想要大力地去鼓推侄人文化還是有些困難。

二〇二二年，我和當初指導我調查越南侄人的芳太老師，開始一起試著參考台灣客委會的各項政策，希望能夠找出更適合越南侄人的民族政策。

二〇二三年初，我的論文還沒寫完，或許是因為外務太多，也或許是我的心中有那麼一點點希望，感覺還沒寫完的論文或許就是對越南的羈絆，讓我能夠在國境開放後有個理由，回到越南，繼續還沒做完的田野，拜訪那些等待我回去的人。

徐俊文
Hsu Jun-wen

桃園新屋客家人，現在既是客語老師，也是華語老師。高中申請大學時，為了想要更了解自己，所以申請了政大民族學系。想想當時懵懵懂懂才17歲的自己，想了解的事情真的很多。不過比起其他人，我的民族學之路總是走得莽撞又衝動一些。大一時，因為一套表演服，而認識了花蓮太巴塱的阿美族，進而了解原民文化。大三時，因為認識的移工被遣返，便申請了到越南的交換計畫。碩班時，為了抽到去越南當教育替代役的資格，我報考了華語師資認證，結果誤打誤撞地讓我到泰北當華語老師。

說真的，我很謝謝我的誤打誤撞和自己的勇氣，讓我總是走在別人少走的路上，看見不同的風景。也謝謝這彎彎曲曲的路上每個人的友善，讓我在跌跌撞撞的學習下仍然能繼續前行。

何處為家？何為家人？
跨國學生在台灣的交會

宮相芳、黃素娥

素素和跨國生家庭從越南來到台灣，從越南的教育體制進入台灣的教育體制，從越南的生活文化進入台灣的生活文化，面臨到各種不同的障礙與困難，但在彼此協助相伴的過程中，成為在台灣陪伴彼此的家人。

初抵台灣

提著行李、走下飛機，踏上台灣土地的那一刻，遠從越南而來的他們是懷抱著什麼樣的心情呢？會有更好的生活在這裡等著吧！

這些遷移者帶著夢想與憧憬，來台灣尋找機會。只是這趟遠行並不輕鬆，一待可能就是半生、甚至一輩子。

「哇——這裡好乾淨。」葉小哥總想像著台灣的美好，他在下飛機後連連讚嘆台灣的街道、廁所有多乾淨，路上的交通也井然有序，與越南形成強烈的對比。

寶藏女孩的台灣印象同樣與越南對比強烈。不過對寶藏女孩來說，她更留戀越南那個周圍有稻田的家，而不是到處都是高樓大廈的城市。

小俠參考《台灣尋寶記》畫了一幅漫畫，漫畫裡的小男孩一個人來到陌生的台灣，尋找沒見過面的爸爸。見到爸爸後，他們一起去路邊攤，爸爸夾了一塊「香氣」四溢的臭豆腐到小男孩的碗中。第一次嘗試的小男孩滿帶疑惑地看著眼前這陌生的食物，聞著撲鼻而來的臭味，不確定是否要吃下肚，但在爸爸的催促聲下只好勉為其難地夾起一塊放進嘴裡。卻萬萬沒想到，臭豆腐原來這麼好吃！初來乍到的小俠覺得台灣真是個令人驚喜又驚恐的地方。

「欸？我剛剛有搭飛機吧！」素素出了機場、抵達中壢，覺得自己怎麼好像來到了胡志明市，她原本設想的地景可是紐約曼哈頓的高樓大廈呢。剛到中原大學的素素肚子非常餓，直接就前往學生餐廳吃晚餐。她點了一碗雞肉飯，但出餐的餐點卻和想像中完全不同，越南的雞肉飯會附上一小盤蔬菜和一碗湯，但眼前的餐點竟然只有「雞肉絲加飯」，真的是名符其實的「雞肉飯」。

「跨國」兩字的意義不僅僅是地理概念上的移動，而是承載著移動後的居住、居住中的不適、不適後的調適等複雜生活脈絡。接下來的故事將會描述兩種「跨國」學生，一種是像葉小哥、寶藏女孩、小俠這樣，跟隨家人來台生活就學的跨國銜轉生，另一種則是像素素，來台就讀博士班的跨國留學生；有趣的是，素素同時又成了跨國銜轉生的華語教師。「跨國銜轉生」指的是曾經在國外生活學習，但隨父母來到或回到台灣生活的學齡兒童或青少年，因華語文能力不足造成學習及生活適應上的落差，因此教育部國教署與一些機構會透過規畫教育支持與生活輔導方案，協助他們銜接至台灣國教體系，而素素就是提供教育支持的華語教師。

他們離鄉來台、又因跨國身分連結在一起，他們的生命在台灣彼此交織，開展出一段特別也引人省思的經歷，更讓人從中看見跨國生在離散後，再次完聚而展現出的生命韌性。

小小跨國生的學習冒險

葉小哥來台灣的那年十一歲。當年，他父母在越南結婚後沒多久，葉爸爸便以華僑的身分到了台灣，隔年葉小哥在越南出生了。葉爸爸在來台六年後取得中華民國國籍，便開始著手辦理各項手續，打算將老婆及兩個孩子接來台灣。葉小哥二〇一六年來到台灣，當時他在越南已經完成五年的國民小學教育，與他相差四歲的葉小弟則剛念完一年級。學校考量他們不懂華語，因此讓兩兄弟分別從五年級及一年級讀起。

關於是否一起搬到台灣，葉爸爸和葉媽媽當然徵詢過葉小哥的意見，但從沒有到過台灣的葉小哥只能依據其他人對台灣的形容來判斷。所以在還沒來台灣之前，葉小哥對台灣抱持著美好的想像。

葉小哥初抵台灣的印象也是如此，「學校的廁所很乾淨、街道也很乾淨，馬路上的車輛都很遵守交通規則，也很少聽到左鄰右舍大吼大叫。」這些都與越南形成強烈的對比。但也有與想像中很不一樣的地方，像是他們剛到台灣時，租屋的環境不是很好，或是學校的飲食不合胃口、午休時間也只能趴在桌上休息，在越南可是可以鋪草蓆、躺在地上睡午覺呢。[1] 不過最難適應的，應該還是學習這件事。葉小哥是在十一歲時進入台灣的國民教育體系。葉小哥在越南時的成績名列前茅，年年領獎狀，父母也以此為傲。

1 陳蕙芳。〈葉小哥學海冒險記（一）〉。收錄於高雅寧科技部計畫「想要與需要：台灣跨國銜轉生的教育民族誌研究」之民族誌作品。未出版。

進入台灣教育體制的他，考試成績總是殿後，排名一落千丈帶來巨大的打擊，讓他陷入自我懷疑，信心盡失。對當時的他來說，除了需要重新學習一個完全沒有接觸過的語言外，加上再過一年就要升上國中，自己必須在極短的時間內追上大家的進度，在學習上遇到極大的挫折，與同儕間的差距越來越大，惡性循環導致心理負擔也越發沉重。[2]

＊＊＊

寶藏女孩原先與爸爸、哥哥一起住在越南。寶藏女孩的媽媽是華裔，依親來到台灣工作，每六個月會回越南一次，每次回到越南都會跟爸爸分享台灣的生活。寶藏女孩的爸爸在越南時做的是工程、包商方面的工作，但為了給小孩更好的生活，他決定和寶藏女孩的媽媽一起到台灣打拚。於是，在寶藏女孩的媽媽歸化為中華民國國籍後，寶藏女孩的爸爸便在她十一歲時，帶著她和哥哥到台灣找媽媽。[3]

寶藏女孩一家剛來台灣遇到的第一個困難是「住」。寶藏女孩的爸爸因為語言隔閿，一開始只能先受僱於其他人跑工程，媽媽則在夜市賣水餃，一家人分居鶯歌和景美兩地。第二個困難是「教育」。寶藏女孩的哥哥到台灣時已經超過國民教育的年齡，無法入學，只好待在媽媽店裡幫忙包水餃。寶藏女孩則是因當時拿的是中華民國發的臨時護照，也無法直接入學，等到兩年後申請到居留證，變成馬上就要從國中開始念起。寶藏女孩在來台灣前不會華語，加上之前兩年的學習空白，完全跟不上國中的進度。經過一場開案評估會議，最後教育局同意讓寶藏女孩從國小五年級開始念。但對寶藏女孩來說，或許進入哪個年級不是問題，問題在於她剛來台灣的那兩年缺少自主學習的機制，入學後也沒什麼學習的動力，學習狀況始終不佳。

除了在學業上面臨困難，生活上遇到的衝擊更是讓寶藏女孩想念在越南的生活。

2 關於葉小哥在台學習經歷，參考黃素娥。《在台越南跨國銜轉學生之基礎級華語教材之編撰與教學應用》附錄內容。國立政治大學華語文教學碩博士學程博士論文。二〇二二。

3 戴佳怡。〈寶藏女孩〉。收錄於高雅寧科技部計畫「想要與需要：台灣跨國銜轉生的教育民族誌研究」之民族誌作品。未出版。

寶藏女孩回憶起越南的家，那是一棟前面有庭院、很大間的獨棟房子，周圍都是稻田，既舒適又寬敞，她非常想念那個家。相比之下，在台灣景美住的是兩間只有四、五坪大小的雅房，一間哥哥住，媽媽和寶藏女孩住另一間，爸爸則是跟著工作的建築工班一起住在鶯歌。寶藏女孩和媽媽住的這個小房間，光是兩張床就占據了大半空間，床旁邊有個小小的衣櫃，衣櫃前有個掛滿衣服的吊衣桿，走路空間只剩下窄窄一條走道，中間還放了張小桌子，桌子兩邊同樣堆滿東西。房間內有個小窗戶，但一點都不通風，炎熱夏季，媽媽為了節省電費，常常只開電風扇而已。[4]

在越南時，寶藏女孩可以自己一個人踩著腳踏車去很多地方玩，或是跟朋友一起騎腳踏車兜風。但來到台灣後，媽媽會騎著電動腳踏車接送寶藏女孩上下學，一方面是因為擔心，另一方面也是不知道如何使用腳踏車租借系統。除了偶爾在素素老師或志工姊姊的陪伴下一起在景美溪畔騎腳踏車，寶藏女孩每天的行程就是學校、水餃店與家裡，和越南自由自在的生活的確落差極大。

＊＊＊

小俠出生在台灣，兩歲被媽媽帶回越南交給外婆撫養。十一歲時，媽媽為了給小俠更好的成長環境，將小俠轉學到台灣，但也是華語能力的關係，年紀上應該就讀五年級的小俠被降轉至四年級就讀。[5] 小俠的夢想是成為一位YouTuber，為了這個夢想自學許多電腦方面的能力，小俠的華語輔導教師素素也時常與他討論，為他連結資源，讓他可以朝夢想更近一步。

「一開始我和小俠的關係不是這樣的。」看著眼前這位持續朝自己夢想邁進、不斷尋找資源、散發出自信的小俠，素素這樣說著。

4 參考黃素娥提供的田野筆記〈家訪紀錄：學習環境評估〉（二〇二二年四月二十三日）。

5 李逸群。〈跨國銜轉生——小俠〉。收錄於高雅寧科技部計畫「想要與需要：台灣跨國銜轉生的教育民族誌研究」之民族誌作品。未出版。

原來，素素老師一開始接觸的小俠是個比較隱藏內心的小孩，不太會主動表達自己的想法，自我保護意識比較強。或許是因為家庭狀況較為複雜，小俠並不想讓太多人知道，另一方面也是覺得要解釋清楚很麻煩，所以小俠對於自己的家庭或學習狀況已經形成一套「安全」的說詞，這套說詞有時候並不是百分之百符合真實情況，只是一種避免他人擔心，或繼續追問下去的說法罷了。

素素老師一開始覺得，既然孩子不容易親近，將目標對象轉成他的父母，或許也是一種方式。但她萬萬沒想到，接近父母比接近孩子更難。素素老師最初先透過小俠的安親班老闆聯繫上小俠媽媽，邀請她來參加政大USR舉辦的活動，並在媽媽送小俠來會場時，藉機互加Line，打算後續保持聯繫。但小俠媽媽似乎因為工作忙碌，後來也沒在用Line了。所以之後與小俠學業有關的問題，主要還是得透過安親班老闆聯繫。

大跨國生「素素」

素素個子嬌小，一頭俏麗短髮，說著帶有台灣口音的華語，若不細問，很難發現她是越南籍華語教師。素素的笑聲非常具有渲染力，上課時總是站在教室前方笑得最開心最大聲；她古道熱腸，在能力範圍內，總是願意幫忙、參與各項事務，除教學外，她主動與學生建立更深厚的連結。素素輔導過的跨國生至今有四位，分別為葉小哥、小俠、小陽和寶藏女孩，輔導時間有長有短，最短的是小陽，因為搬家、轉學，只輔導了一學期；葉小哥、小俠、寶藏女孩則都持續保持聯繫，參與他們的日常生活。

素素的祖籍是廣東潮州，祖輩從一九六〇年代時就移民越南，後輩的母語逐漸轉變為越南語，但爺爺仍用給零用錢的方式鼓勵孫子孫女學習中文。不過中文實在太難了，素素學一年就放棄了。直到國中時，越南相當流行華語電視劇，學生尤其瘋狂，素素也不例外，才因此再度開啟了她的中文學習之路。考上高中後，素素仍不斷精進自己的中文能力，最後進入胡志明市的國家大學人文與社會科學大學就讀中國語文學系。

二〇〇五年大學畢業後，素素先回到家鄉的安江大學教了兩年華語，二〇〇七年校方與台北經濟文化辦事處教育組合作，因而有了與台灣的華語教師交流的機會，開啟素素來台灣讀書的想法。對於出國留學讀書，素素原本想都不敢想，除了距離遙遠，也有經濟上考量，但聽到當時交流的台灣教師說台灣教育部有提供獎學金，素素便鼓起勇氣嘗試申請台灣的研究所。二〇〇八年，素素申請上中原大學應用華語文學系碩士班，順利前來台灣，並在二〇一一年後拿到碩士學位。回到越南後，素素二〇一七年又再申請了政大華語文教學博士學位學程。第二次來台灣念書的素素，希望能趕快找到一份工讀的機會，這樣之後才可以專心學業，正好遇到政大在文山區的興隆安康社區USR計畫要招募一位越南籍計畫助理，負責華語教學方案，因此開啟了她在台灣的華語教學之路。

素素說起自己當初是在越南留學生群組收到一則陌生訊息，提及需要找越南籍的華語老師，但聯繫過後幾個月都沒有下文。「我本來以為這件事就這麼沒了，也沒有太期待。直到我從越南過完年回政大，計畫主持人高老師直接聯繫我，說要見面跟我們解釋。」負責興隆安康社區USR計畫的高雅寧老師回憶當天的情景，提到當天會面的三位留學生中，一位比較喜歡講話，說著一口北京腔，因為她的中文是跟來自中國的老師學的，另一位則因在台灣讀大學，所以講的是台灣口音，唯一不太確定過去學習背景的就是素素，因為那次她沒講什麼話。「但越來越熟識後，才知道素素是蠻願意與人互動的人。」

碰面後不到一個月，素素老師的第一個任務是進入社區小學輔導跨國生。當時校方提報參與輔導課程的學生有三位，三位越南籍留學生剛好一人負責一個，素素老師分配到的就是小陽。輔導時間一般是利用早自習，一週一次，後來再增加午休時間的輔導。當時讓三位越南籍留學生非常驚訝的是，台灣小學裡居然有母語是越南語的小孩，因此她們也得協助校方處理一些學校因為語言不通而一時處理不來的問題。素素在越南的教學經驗是在安江大學，對象是大學生，所以對她來說，進入小學輔導跨國生是一大挑戰。

「一開始教的時候很緊張，讀碩士時我只在中壢教會教過成人華語，而且用的是漢語拼音，這次的挑戰除了教學對象是小朋友，我也要重新學習用注音的教學方法。台灣的華語老師用注音教學是有必要的，一來可以讓跨國生接上學校的教學系統，再來也能讓他們的台灣家人在家裡協助教學。」所以，一般教外籍人士華語是不需要學注音的，但為了跨國生的教學，素素開始自學注音符號。

除了輔導跨國生、擔任社區成人移民華語班教師，素素也參與許多USR計畫的相關活動，例如協助舉辦大型華語與越南語教學工作坊、USR博覽會、越南飲食文化交流、內政部移民署築夢計畫等。在參與計畫的過程中，素素積極投身於各項活動，也參與學員們的日常生活，因此和很多人、很多家庭成為好友至交。素素認為，「在某個人的人生中，如果有人能夠在他最困難的時候拉他一把，或許就可以改變他的一生。所以如果我有能力可以協助，我會很願意幫忙。」也因著這樣的信念，素素會在教學之外尋找更多與學生建立關係的機會。

而素素之所以有這樣堅韌與溫暖的特質，與她之前的經歷有很大的關係。素素七歲那年，媽媽意外從高處跌落，導致胸部遭到大力碰撞產生血塊，當下沒有處理好，逐漸發展為惡性腫瘤，最後決定轉到胡志明市就醫。

醫院裡值班的護理師非常照顧他們，素素的媽媽在胡志明市的醫院住了一年，病情好轉後，雖然醫師允許出院，但每個月仍必須回到醫院做化療。半年後，因為家中經濟因素，原本打算放棄治療，但醫院幫忙申請了免費的療程，素素家只需要負擔往來的車資。又堅持了半年，家裡連往返的車資都無法支付了，素素的媽媽再次打算放棄治療，沒想到醫院的護理師朋友決定自己帶著藥，從胡志明市去素素家直接幫她母親進行化療。「我們家離胡志明市雖然只有一百九十公里，但當時的交通狀況真的很差，要坐七個小時的車，護理師們又會暈車，所以到我們家後要先休息一天才能開始幫我媽治療。結束療程後又要休息個半天，才能再搭車返回胡志明市，回家之後又再要休息一天，前前後後三天就過去了。我們一家人總是覺得自己很幸運，可以認識這樣好的一群護理師。」

高中畢業後準備考大學，素素的親戚們籌款讓素素去考試，「當時我們為了省錢，你知道我住在哪裡嗎？我住在醫院！住在護理師值班的房間！」素素的媽媽痊癒後，仍與護理師們保持聯繫，其中一所準備應試的大學剛好離醫院很近，護理師們就特地安排，讓素素和媽媽一起住在值班室。

素素最後考上胡志明市的國家大學人文與社會科學大學的中國語文學系。讀大學的四年，護理師阿姨們如家人般照顧著素素，「她們一直都很關心我們，我媽最後住院昏迷、快要離世時，有兩位護理師阿姨來探望我們，看了醫院的就診紀錄後，把我叫出病房說，『現在所有的治療都沒用了，要不要考慮把媽媽送回家？』我才決定要帶媽媽回家。」

「我覺得改變我人生的人很多，但其中最重要的是我媽媽。她是為了我才堅持下來。護理師阿姨常常跟我說，其實媽媽當時在醫院治療，意識不清楚的時候，總是拉著醫生說要把她治好，至少等到女兒有自主能力、可以照顧自己，她才能夠放心。」素素的母親就是因著這樣堅強的信念，挺過二十幾年，直到素素大學畢業、找到工作、到台灣念完碩士才去世。素素與她母親人生中遇到許多貴人，協助她們堅持至今，而這樣的人生經歷也形塑了素素。受人幫助，而後反饋於他人，這樣的信念出現在她往後的教學中，也就不令人意外了。

跨國學習之路的阻礙與跨越

實際上，我也是一名跨國銜轉生。雖然我們在不同的教育階段，但是我也跟小小跨國生一樣，需要面臨融入台灣校園的種種困難。首先，越南與台灣是兩種截然不同的學制，到台灣以後需要從零學起，對本地生來說習以為常的事情，對我們來講都是極為陌生的，要花很多時間去了解、去學習。其次，華語並非我們的母語，所以與人交談時需要在腦海中不斷地進行越－華兩種語言的轉換，甚至要在開口講話前先把句子在腦海中一一列出，害怕萬一說錯了會被取笑，也因此在課堂上一般極少主動發言。尤其是剛入學的時候，陌生的環境加上缺乏自信心，這種自卑的心態更加明顯。這時候我們最需要的，除了發揮及證明自己的機會，更重要的是鼓勵和肯定。我到現在還記得讀碩班時需要下修中國文學史那段時間，因為是大學部開的課程，老師每週都會在課程結束後安排十分鐘的小考。當時的我還處在學習正體字初期，老師一眼就看出我的擔憂，貼心地說：「你儘量寫，正體字也好，簡體字也罷，甚至是漢語拼音都行，只要看得懂，內容無誤，老師就會給分數。」後來，我的答案卷就如老師所料，前半段是正體字，中間是簡體字，後半段則是漢語拼音。而我每週的小考成績都維持在班上前十名左右。那段經歷在我留學生涯中極為重要，不單幫我慢慢地找回了自信心，還讓我深深體會到包容和同理的重要性。

——素素

小跨國生們和素素不只有在學校課堂接觸，下課後也時常互相聯絡。素素總是盡自己所能地為跨國生們提供協助，就像親人般照顧著他們及他們的家人。跨國生來到台灣、進入國教體系，普遍面臨的問題是語言，進而延伸出各式各樣的生活及學習問題。「其實小俠的英文和數學非常好，只有中文相對較弱。」小俠在越南已經上過五年級，對於寫作技巧有基本的掌握，越南文寫作對他來說不是問題。但到了台灣，礙於中文詞彙量太少，在寫作上顯得較為弱勢。不過，英文不錯的小俠能透過英文自學一些資訊方面的技術，為自己的YouTuber夢想做準備。素素還發現，小俠有時會隔了一週還沒完成作業，是因為他週末都在用手機，只是他並非用手機上網打電動，而是在利用時間查資料，或是剪輯要上傳到自己YouTube頻道的影片。小俠只有週末可以拿到手機，所以他會儘量利用這段時間，因此忽略了課業。

「疫情變嚴重後，我好像變得更忙了。」二〇二一年五月，台灣Covid-19疫情變得嚴峻，學校紛紛改為線上上課，學生和老師都需要時間適應線上課程的模式，有些學生甚至沒有適當的設備、不知道如何操作線上課程，以至於沒辦法跟上學校課程，跨國生寶藏女孩就是一個例子。

學校開始線上上課後，寶藏女孩因為家裡沒有設備，無法上線上課，也不知道如何向老師反應。一直到某一天，素素向學校輔導室確認跨國生的狀態，寶藏女孩的媽媽也正好在這時問起：「為什麼小孩都沒有在上課？」大家才發現寶藏女孩的狀況。素素在這次事件後開始協助導師和寶藏女孩家庭之間的溝通，才讓寶藏女孩順利參與網路課程。「若外界沒有介入幫忙，寶藏女孩可能就會因此荒廢學業了。」素素說。

此外，USR計畫於二〇二一年暑假邀請一名政大學生擔任「跨國銜轉生暑期線上數學輔導課」的老師，素素老師找來小俠擔任該門課的小老師，幫華語能力還不夠的寶藏女孩翻譯教學內容。素素會在隔天上華語課時順便問寶藏女孩，昨天數學課的內容還有哪些不懂？並與寶藏女孩達成共識，若是在上數學課時遇到問題，可以先拍照記錄，等到華語課時再和素素討論。

至於葉小哥一家，現在的狀況和二〇一六年剛來台灣的時候相比已經穩定許多，但他們仍持續與素素保持聯繫。例如疫情時，葉小哥的媽媽不知道學校停課的日期，就會打電話向素素確認。除了學習方面，疫情期間素素也在生活上提供跨國生家庭不少協助。例如寶藏女孩的媽媽看不懂中文，打疫苗就是直接請素素幫忙登記。「我也是實際操作後才知道，原來『預約』和『施打登記』是兩個不同的階段，好複雜！」最後葉家和寶藏女孩家乾脆直接把證件交給素素，可見他們對素素的信任。

Covid-19疫情嚴峻後的種種突發狀況，更顯示出跨國生其實需要學校、家庭、輔導機制三方同步溝通、相互協調，才能夠解決問題，而素素也成為家庭處理疫情，以及家庭跟學校聯繫的中介者。

透過田野調查方法連結不同個體

身為一名華語老師，過去，我注重的往往是學生在課堂上的表現以及學習成效。因此，學生在學習上遇到困難時，一般都只會針對語言學習方面的問題加以修正或協助。與學生互動的機會也很少，所以對他們的背景或家庭了解不多，甚至覺得課堂以外是學生私人的空間，老師不該碰觸或干涉。然而，踏入了公共人類學領域之後，增加了我對學生家庭背景和家人的好奇，也多了探問的動力。在不同場域或情境的參與觀察中，我更有機會實地體驗文化震撼，發掘出問題的不同面向。另一方面，越南背景為我的田野帶來不少方便，我可以快速連結自己與跨國銜轉生家庭移民和求學的身分與經驗，不過這同時也存在一個很大的衝突，就是我會常常將自己的生命經歷投射其中，但畢竟我們是不同的個體，面臨同樣的問題會做出不同的處理。因此，對我來說，最大的挑戰就是需要學會放下自己的主觀意識，以及訓練自己從不同角度思考為何如此、如何解決的基本推論能力。

——素素

田野調查方法是人類學、民族學等社會科學經常使用的研究方法，透過參與觀察、訪談、系譜等方式進行調查，希望能夠盡可能地深入了解要研究的群體。素素有選修過民族學系的課程，所以會在與學生接觸、甚至華語教學的過程中，自然而然運用田野調查的方法，加上素素個人生命經歷所形塑出的信念，「在某個人的人生中，如果有人能夠在他最困難的時候拉他一把，可能就可以改變他的一生。」因此，素素希望她對學生的協助不止停留在華語教學，而是透過華語教學，更深入認識並理解學生的生命歷程。

以小俠為例，雖然無法與家長進行親師溝通，不過這對素素來說並不是太大的問題。「某個禮拜五的下午，我和小俠肩並肩走回安親班，一路上小俠一如往常地沉默。我問他要不要在進教室前一起去逛安親班樓下新開的全家，他開心地答應了，從這天之後，小俠開始會和我分享他喜歡的東西。」小俠的華語輔導每週兩次，其中一堂在週五下午，素素會先到安親班接小俠前往國小教室上華語輔導課，上完華語課再把小俠送回安親班。一開始小俠非常沉默，素素有試著和小俠閒聊，不過好像沒什麼用。直到那個下午的邀請他而有了連結，從此之後，回安親班前去全家「逛街」，成了素素和小俠之間的默契。

小俠會在一個商品前面徘徊許久，盤算著自己有多少錢、夠買哪些飲料糖果，素素這才知道原來小俠喜歡吃甜的。有時看到小俠真的猶豫太久了、考慮東考慮西，素素就會利用機會以請客作為獎勵，希望小俠週末能夠好好完成作業。這樣的互動方式對小俠來說是一種正向的鼓勵，他也因此能夠有動力完成作業；同時因為素素觀察到了小俠的喜好，又進一步有了更多可以和小俠聊天的話題。有次買完糖果後，小俠迅速將糖果藏在褲子後面的口袋，素素不解地問他原因，他才提到原來安親班的小孩會互搶食物，但這也是他們表現彼此是好朋友的一種相處方式。

除了教學時了解跨國生的家庭背景，素素也找盡方法認識跨國生的父母。素素會利用「早到晚歸」的方法與家長巧遇，主動向家長表明自己的身分，找時間和家長聊天，藉機了解家庭的狀況。例如寶藏女孩的媽媽經營水餃店，每天得工作到凌晨五點，卻還是撐到七點送女兒到校。某個早上，素素在校門口遇到寶藏女孩媽媽騎著電動腳踏車送寶藏女孩上學，一聊之下，才知道她覺得家裡到學校太遠，不放心寶藏女孩一個人上學。為了讓寶藏女孩慢慢學會獨立，素素自告奮勇跟寶藏女孩媽媽說她可以陪寶藏女孩騎 UBike 回家。素素教寶藏女孩從註冊、借用 UBike，一步一步學起，也陪她學會認回家的路。寶藏女孩的媽媽說，其實她之前也想過可以利用 UBike，只是不知道如何開始。[6] 經過這次事件，素素發現對跨國生和家長只是「提出」建議或是解決方法不一定有用，並不是他們不願意，而是不知道該怎麼做，所以只要實際陪著他們做一次，他們接受建議的機率應該就會提高很多。

為了讓家長更信任老師，素素盡可能地取得家長的聯繫方式，「有時候第一次不可能成功，但透過每次的巧遇或協助送小孩回家，兩、三次後，家長可能就會願意提供他的聯絡方式了。」取得家長的聯絡方式後，就能夠有更多溝通與協調。

貼近彼此生命的學習與陪伴

參與計畫以來，我自己覺得最重要的任務，就是成為計畫與越南社群之間的橋樑。而越南身分確實為我在執行任務的過程中帶來了助力。首先是因為具有共同的文化，使我可以很快地融入木柵越南社群。同時，在跟越南學員或跨國銜轉生討論或傳達訊息時，直接使用他們熟悉的母語溝通，幫他們排除語言上的障礙，讓過程變得更輕鬆，也更容易跟他們建立關係，進而獲得他們的信任。其次，學員或跨國銜轉生在學習華語的過程中所遇到的那些困難，我也同樣經歷過，所以當需要說服或鼓勵他們參與某些活動或課程，從一個有經驗者的角度出發，會更有說服力。再者，對於計畫團隊而言，團隊中有一名越南籍助理，能夠協助計畫活動執行更加順暢。夥伴們在遇到與越南學員或學生溝通上的困難時，我也可以提出一些有針對性

6 參考黃素娥提供的觀察記錄表（二〇二一年三月二十四日）。

和實用性的建議。最後是主流文化與非主流文化的交流，對我而言，我在計畫中除了是一名計畫助理，更是一名越南文化的推廣者，將越南文化介紹給台灣朋友。在我所參與策畫的活動中，越南美食、端午節越南粽子具有重大的意義。因為政大師生和越南社群就像兩條平行線，若沒有這些活動，我想不會有交集或互動的機會。

——素素

素素一開始接觸到跨國生時，原本設想只要單純上課就好，並沒有意識到需要了解各個學生的家庭背景。直到實際開始教學之後，進度不如預期，甚至有學生只輔導一個學期就轉學搬家了，「一開始我也會抱怨家長，但高雅寧老師當時要我思考，為什麼學生在學習上沒有進步，唯有想好了這點，才有可能改善學習的情況。」[7] 透過不斷地思考與討論，素素逐漸理解到華語教學不能「只是教學」，而是要進一步地進入學生的生活，對學生、對老師才有意義。

素素發現對於課程規畫不要有太多的預設，「老師自己心裡不應有太多的幻想和期待，因為這些期待常常會被現實擊潰。」在華語教學和跨國生輔導的過程中，重要的是學習者本身的學習情況，而非教學者的教學進度。

素素也會儘量挑選比較貼近學生生活的教材，讓學生容易產生共鳴，以教材作為媒介，進一步使得師生之間產生更多對話。素素提到有段讓她印象深刻的課文〈甜蜜如漿烤番薯〉，「當時我輔導的跨國銜轉生是小俠，我們一起閱讀文章，第一段作者回憶他童年時經過地瓜田的場景。於是我問小俠：『你在越南有沒有看過類似這樣的、一整片是綠油油的田？』他說：『有，我家前面一整片都是稻田。』接著小俠就畫出來給我看，透過這樣的對話大概了解他的生活環境。」透過每次的對話進行了解，日後設計教學也就能夠更貼近學生的生活。

每次上課前，素素會先以聊天的方式了解學生最近的生活、今天的心情等，讓學生放鬆下來；或是上課上到一半若觀察到學生累了，素素也會停下來，調整一下節奏。從

---

7 宮相芳訪談素素老師（二〇一九年五月二十一日）。

作業來了解學生也是一個很好的方式，有時候直接問問題會問不出來，但利用討論作業進行問答，學生會不知不覺地說出很多事情。素素認為自己很幸運，因為與學生有共同的母語越南語可以對話，也有相似的成長環境，所以可以更快建立信任感與連結。

大小跨國生在台灣因著課程而交會，在課堂中交換自己的生命故事，進而創造了共同的感受空間，將彼此連結在一起。

素素老師（左二）帶跨國生一起到宜蘭兩天一夜，參加2022年7月冬山風箏嘉年華。（高雅寧攝）

聚首台灣、心繫越南

初到台灣時，所有移民者和留學生都會面對文化差異帶來的困擾。不同的語言、不同的飲食習慣、不同的生活方式，一點小事都很可能會對我們造成排斥與焦慮心理。起初，我每天都過著兩點一線的生活，要麼在學校上課，要麼就待在租屋處。身處異國他鄉，最寂寞的是沒有親人朋友。因此，我只能從零開始，重新結交新的朋友。先從身邊的同學著手，找機會跟他們出去吃飯，跟他們聊聊天，甚至參加一些活動來擴充自己的朋友圈。但實際上，對我來說，跟台灣人聊天也是件充滿挑戰的事，因為你不知道何時該接話，也不知道該怎麼接話，更多時候，我都只能「陪笑」。後來，我開始培養每天看台灣新聞的習慣。雖然有些新聞內容確實很無聊，但從中可以學到許多社會用語，及時掌握台灣社會上發生的大小事，進而作為我與同學和朋友聊天的話題。

——素素

對大跨國生素素以及小跨國生們來說，來到台灣求學都是一件不容易的事情，首要問題是語言不同所帶來的困難，因為語言不同，在學習上就需要比其他以華語為母語的人加倍努力。除了學校的學習，生活中也因為語言不同，面臨各種大大小小的狀況。因著計畫、因著相同的身分背景認識，素素和跨國生家庭們相互支持，共同面對並解決問題。

素素經常提及她與葉家之間的故事，比如葉小哥家有驚無險的「租屋事件」就令人印象深刻。

某天晚上，葉家打電話向素素求援，因為房東打算賣掉他們當時住的房子，一家人必須緊急另尋住處。他們打算一邊找房子、一邊申請社會住宅，所以拜託素素陪同前往都市發展局住宅服務科詢問。不過當葉爸爸載著素素到現場才知道，申請後還得慢慢排隊，不是馬上就有房子住，無法救急。葉爸爸只好每天騎著摩托車，四處留意租屋廣告，最後終於找到一間合意的住處，還請素素陪著一起去簽約。只是素素在台灣也沒有簽租約的經驗，是由高雅寧老師連線遠端遙控，最後才順利完成。過去葉家不太喜歡麻煩「別人」，一般只會在緊急情況向「朋友」求助，由此可見，素素與葉家的情誼不只是學生與老師的關係，素素已經變成了葉家的「朋友」。

素素也儘量替學生尋找對外連結的機會，例如透過政大USR團隊，讓葉小哥有機會參與台北市教育局舉辦的暑期華語夏令營，希望他能夠透過這次的機會結識更多背景相似的人。「葉小哥在十天的營隊中恢復了過去的自信。他是營隊中的大哥哥，樂於幫助其他小夥伴，教他們寫字、造句，若有不懂的部分，還用英文解釋給他們聽。更令人驚訝的是，他講話幽默風趣，大受小朋友的歡迎，課堂上的氣氛大都是由他帶起來的。雖然在語言方面還有進步的空間，但短短兩個禮拜的時間，竟已經讓他在思維上有了明顯的轉變。他開始除掉『內向』的外表，找回曾經開朗的自己。」

二〇二一年，素素還與另外兩位老師帶著小俠、葉小弟拍紀錄片，參加移民署第七屆「『跨國銜轉生』與台灣零距離」築夢計畫，內容主要紀錄跨國生在台灣的生活。「小俠原本就很喜歡拍影片，他的夢想是當YouTuber，所以在拍影片的過程中總是很主動。」利用小孩們原本的興趣和能力，進一步引發小孩的向上動機。

素素深入參與著學生和他們家人的生活，而他們也會用不同的方式回饋。像是葉媽媽就送過好幾次的小吃及生活用品，寶藏女孩媽媽也招待了無數次的水餃大餐。

素素和跨國生家庭從越南來到台灣，從越南的教育體制進入台灣的教育體制，從越南的生活文化進入台灣的生活文化，面臨到各種不同的障礙與困難，但在彼此協助相伴的過程中，成為在台灣陪伴彼此的家人。

等到孩子長大，在台灣能夠自立後呢？素素和跨國生的父母們聊天，發現他們大部分是想回越南過後半輩子的。寶藏女孩的爸爸跟素素說：「來台灣後，發現這裡的生活狀況和原本想的很不一樣，但仍希望自己的孩子能夠好好生活，讀完書後找到工作，養活自己。至於我和寶藏女孩的媽媽，最終還是希望能回越南養老。」其實素素也懷抱著相同的期待，雖說在台灣遇到最大的困難是語言，但說到底，是身分認同的問題，素素已經算是克服語言困難，不過就算華語講得再好、也有台灣的朋友，但許多親戚朋友甚至學生都還是在越南，回到越南還是比較自在。

大跨國生素素將田野調查方法融入華語教學，以此為媒介連結著小小跨國生及其家庭，透過彼此相依陪伴度過各種不同的生活難關，如同家人般相互支持。有了這段在異鄉生活後一點一滴所累積的信心，無論未來身在何處，都能夠帶著此般堅實的信念，築起有著穩固基石的家。

宮相芳
Kung Hsiang-fang

民族學系老手、育兒界新手，在政大民族學系滾近十年，進入育兒界僅三年，目前育有兩寶。在陪伴孩子的同時，努力擠出時間寫些文字，通常是夜半時分，讓自己尚能接上地氣，讓腦袋及身體感受短暫自由的新鮮氣息。常聽人們比喻寫文章如同孕育小孩，寫不出來即難產、寫完後的成品如同自己的小孩般極富成就感，是的是的，全天下的母親都是如此。

民族學讓我成為一個人，帶給我無比厚實的底蘊，向內觀照自己的生命，並讓我在向外觀看事物時，能看見更多不同的樣貌。感謝共筆作者素娥，她深刻地關懷引領著我從不同面向看待跨國生的故事，感謝小跨國生們，小小的身體承載著許多故事，並用自己的故事向我們展現孩子生命的韌性。

黃素娥
Huỳnh Thị Tố Nga

我是人類學領域的小白，對田野調查完全不懂，就讀博班期間，加入政大USR計畫，原本以為只是單純的華語教學，但在導師潛移默化之下，不知不覺輸入諸多有關人類學的理念和技巧，從此開啟另外一扇窗。從一個上課時習慣爭分奪秒、每一分鐘都不能浪費的老師，我開始變成愛與學生聊聊天，了解他們學習困難的原因，站在他們的角度去思考，進而給予「他們需要」而不是「我想他們需要」的協助，讓課程變得更有效能。

尋找一間家鄉的寺廟

越南、移民、普悲寺

譚氏桃

翻譯：黃馨慧

成為台灣公民，是他們為了謀生和改善經濟地位需要有的好運氣，然而，他們本質上仍然是越南人。他們需要彰顯這種身分。寺廟或多或少為他們提供了物質和精神條件，來實踐這個身分。

一開始，「台灣越南移民之宗教空間」並不是我的博士論文題目。[1]

我之前在越南社會科學院工作，所屬單位關心區域政治，因此我研究過緬甸政治的議題，例如二〇一七年發生的羅興亞人屠殺事件，以及自二〇一〇年以來緬甸的政治革命，並將緬甸與越南的狀況加以比較。二〇一七年來台攻讀博士後，我也修過東亞地區的政治經濟學、國際組織及公共政策等課程，期間只有一門課有討論移民議題。

不過，二〇一四年第一次來台灣的經驗，以及來台讀博士班最初幾年與越南朋友一起參與的移民宗教活動，引起我對在台越南人以及他們宗教生活的興趣，幾經波折，最後決定將博士論文研究主題轉向台灣越南移民相關的宗教議題。然而，即使鎖定了移民宗教議題，台灣的越南佛教寺廟如何協助越南移民適應在台灣的生活，也並非我研究題目之首選，一開始吸引我注意的，是天主教。二〇一九年彰化埔心天主堂（正式名稱「彰化縣埔心鄉羅厝天主堂」）的聖誕節帶給我非常深刻的印象。

二〇一九年十二月，我參加彰化埔心天主堂的聖誕彌撒。邀請我的是我在國立暨南國際大學認識的越南神父，當時他邀請我去埔心天主堂參加慶祝教會成立一百週年的活動。為了慶祝一百週年和聖誕節，當天教堂舉辦了許多活動，參加的教徒大部分都是當地人，除此之外，因為這個堂區是由來自越南的神父所成立的，所以附近信天主教的越南移工或婚姻移民也會來到現場，和台灣天主教徒一起慶祝並分享越南文化。有些婦女做了越南春捲和越南雞肉粥來賣，販售所得就作為奉獻，還有穿越南傳統服飾——奧黛（áo dài）——的婦女進行的兩場表演。

活動結束以後，約有十位移工留下來，在神父住處屋外的門廊下吃東西、聊天、彈吉他，用越南語唱著榮耀耶穌和聖母瑪利亞的歌曲，當天晚上甚至就睡在教堂裡用來招待客人的房間。

隔天下午，我參加了神父在彰化市教堂舉行的越南語彌撒。現場大約有兩百名越南

---

1 我的博士論文聚焦在台灣新北市越南移民的宗教空間，本文即是基於博士論文田野調查工作期間蒐集而來的資料寫成，再由政大民族學系碩士生黃馨慧小姐協助翻譯潤飾為中文，論文指導教授高雅寧老師協助重新編排架構。

天主教徒（其中絕大多數是移工），儀式全程以越南語進行，雖然我不屬於那個宗教團體、也不是天主教徒，但卻產生某種歸屬感。我好奇這樣的宗教空間對於身處異國、但屬於相同族群和宗教信仰的人來說，意味著什麼？

我與指導教授分享彰化埔心天主堂移工及移民參與聖誕彌撒的情況，但她建議我可以先從認識身旁的木柵越南社群的宗教群體開始，畢竟彰化埔心太遠了。

尋找普悲寺之旅

在越南與台灣佛教實踐中，盂蘭盆會是一個非常重要的節日。它是越南佛教三大傳統節日之一，對佛教信徒而言，這個節日是對在世親人或是已故家人表達敬重的機會。

二〇一八年，我來到新北市新莊一所由台灣人主持的善導庵，參加越南移民的盂蘭盆會。主辦這場盂蘭盆會的是新店普悲寺住持，他借用這座寺廟為全台越南信徒舉行盂蘭盆會的儀式，同時邀請很受越南佛教徒歡迎的越南裔加拿大僧人釋法和（Thích Pháp Hòa）來講佛法。當時的我並不知道自己之後會以普悲寺作為博士論文的田野地點，只是受越南朋友慧和尚[2]的邀請，與其他越南在家信眾一起參與這個儀式。現場應該有四百人左右，我在台灣從未見過如此多的越南人聚在一起，他們背景不同，有留學生、移工，也有婚姻移民，部分婚姻移民甚至帶著非越南籍的家人（孩子、丈夫等等）一起參加，還有不少越南人是以志工的身分參加這次活動。現場準備了各式各樣的越南菜餚，越南婦女身穿越南傳統服飾奧黛，臉上畫著精緻妝容，表現出對儀式的重視。現場氛圍讓我彷彿身處越南故鄉。後來，我才知道有許多婚姻移民是因為參加這次盂蘭盆會活動認識了普悲寺，而我自己則是直到兩年後才發現新店普悲寺的存在。

二〇二〇年夏日午後，按著指導教授高雅寧老師給的位置，我第一次在生活、學習已經超過兩年的台北市木柵與新北市新店交界處，踏上尋找普悲寺之旅。我從政大上了

2 除了公眾人物之外，本文涉及的人物都採匿名，命名原則採越南人習慣稱呼「名」而非「姓氏」的方式。

公車，約十分鐘後在景美女中站下車，在寶橋橋下附近轉了一圈，又在寶橋橋上來來回回走了幾次，仍然無法尋獲普悲寺的具體位置。炎熱潮濕的天氣讓我汗水直流、又暈又累，逛完附近的一座土地廟後，我緩緩沿著景美溪南岸走回政大，覺得自己怎麼連田野地點都找不到。

第一次找不到新店普悲寺，我再次試著上網搜尋，這回找到了它的臉書頁面，並看到桃園盂蘭盆會的訊息。我天真地以為自己找不到新店普悲寺，是因為普悲寺已經搬到桃園，於是我照著臉書上寫的儀式時間，當天一大早，滿懷熱情地再次踏上尋找普悲寺之旅。

二〇二〇年九月初，我從政大搭捷運、公車，最後步行，耗費三個小時，終於在上午十點左右抵達桃園的盂蘭盆會儀式現場。由於Covid-19疫情的管控，這次活動規模比二〇一八年在新莊的那次小了許多，大概只有兩百人左右，包含越南僧尼、婚姻移民（占參與者的大部分）、移工，還有幾名越南留學生，他們來自台灣各地，不過還是以居住在台北、新北為主。

這次的儀式地點其實是普悲寺的桃園分寺。寺廟座落於公寓一樓的一間普通民居，由一個台灣家庭提供，旁邊有個小公園，是整個街區的公共場所。寺廟由拜拜的廳堂、兩間臥室、一個小客廳、兩間浴室和一個大廚房組成，儀式當天兩百多人吃的素食和甜點就是在這個廚房烹製的。

我在接待處寫下生者和死者的名字，希望能為他們祈福，然後將兩百元放入功德箱中。在場的移工或是婚姻移民捐贈得更多，他們當然也可以去台灣當地的佛寺許願，但對他們來說，和越南同伴前往一個可以被稱作「家鄉寺廟」的地方祈福，是一件更加神聖的事情。

這是第一次在桃園舉辦盂蘭盆會，所以參加的人之前不一定彼此熟識，有的人是之前就認識、親近過僧尼，有些人則是第一次來到這裡。然而才不過短短幾個小時，參加的人彷彿已經相互了解、各自分享自己家庭或工作的故事。

午餐時，一位身穿紫色奧黛、長髮飄逸、嗓音甜美的移民演唱了幾首越南歌曲，一個約三、四歲的新二代男孩跳起了現代舞，獲得在場所有人的掌聲。午休時間結束，慧和尚和其他僧尼進行了一些儀式，祈求生者平安、死者安息；儀式結束後，他們把所有供品分發給在場的每一個人，代表一份祝福，讓大家帶回家中。而我也在活動中認識了普悲寺住持，他告訴我新店的寺廟運作正常，並把我加進寺廟的Line群組，邀請我一週後去新店的寺廟裡看看。

二〇二〇年九月底，我終於抵達新店寶橋旁的普悲寺。就在我到訪的那天，有一位四十八歲的越南婦女帶著她的兩個孩子，分別是二十歲的女兒和二十七歲的兒子，也一起來到了普悲寺。她帶著素食祭品，為的是紀念她父親的忌日，而這是打從她二〇〇四年在台灣幫傭以來，第一次能夠到佛寺請僧尼為她已故父親祈禱。那一天，住持也提供一些建議給她的孩子。午餐時，六名僧尼和寺內另外十五名越南信眾（主要是女性婚姻移民），與他們母子三人分享素食餐點，略表心意。這位母親看起來十分高興，彷彿是在家鄉，與家人和親戚共度了這個特殊的日子。

普悲寺是在二〇一三年由一群來台灣留學的越南僧尼於新店創立，目的是提供在台灣的越南佛教徒一個聚會的空間，特別是移居到台北木柵及新北新店一帶的越南人。

透過這兩個地區越南移民的籌資，他們在新北、台北交界處的寶橋旁租了一間公寓的三、四樓，並將其改造為寺廟。普悲寺正式的越南文名稱為「Chùa Phổ Bi」，意為「普悲道場」，但是信眾簡稱為「chùa」。越南文的chùa原指「佛塔」，這裡則是「寺」的意思。

在僧尼的協助下，住持會在每週日為前來普悲寺的女性信徒舉辦聚會，他們會一起誦經、參拜、供養、打坐，還會一起烹煮越南口味的素食，然後一起享用。除了每週的活動，普悲寺還會在信徒祖父母或雙親的忌日舉辦法會，會慶祝越南傳統節日，例如佛誕日、盂蘭盆會及農曆新年，同時為有需求的成員提供物質上和情感上的支持，也會慶祝母親節及中秋節這兩個台灣人重視的節日。在台灣的越南移民透過參與普悲寺的活動滿足了心靈上的需求，也得以在生活中實踐越南文化，並進一步建立移民之間的社會關係。

近二十年來，越來越多越南人來到台灣，陸續建立起越南寺廟，以滿足在台越南人社群宗教信仰的需求。在這些寺廟中，普悲寺應該是最早為了服務越南南部移民群體所建立的寺廟。[3] 歷經超過十年的發展，普悲寺已經成為越南移民群體日常生活中重要的一部分，對他們來說，這間寺廟不僅僅是參拜的場所，也是象徵性的家。

普悲寺的空間分為上下兩層，上層的室內作為舉行宗教儀式的空間，室外的開放空間則用來種植一些果樹（木瓜、檸檬和金桔）、花卉（蘭花和玫瑰）跟蔬菜；下層作為客廳使用，大家可以在這裡聚餐、喝茶。此外還有三間臥室，讓僧尼和居士們有個休息的地方，以及一間用來準備各種食物與餐點的廚房。聚會時，大家用母語念誦佛經或聊日常瑣事，甜美的越南南部口音迴盪在普悲寺的空間。

普悲寺的廚房不大，不過聚在這裡可以為來廟裡參與活動的信徒準備家鄉味餐點。（譚氏桃攝）

普悲寺的存在顯示越南移民在台灣高度定居的現況，而普悲寺除了幫助這些在台越南群體保持越南人的身分認同和傳統，也扮演著這個社群與台灣建立聯繫的催化劑。此外，普悲寺也與台北木柵和新北新店的越南商店（餐館、美容院、雜貨店等）息息相關，作為文化拼圖中不可或缺的一塊，完整了木柵新店「越南街」[4]族裔地景。

普悲寺目前為止的幾位住持都是曾經或現任的研究生，我第一次拜訪普悲寺時的住持福師父，當時就正在就讀於宜蘭佛光大學佛學系的碩士班。福師父一九八九年出生於越南中南沿海的平順省，十二歲左右在南部頭頓市的佛寺出家，二〇一二年來台灣念書，在台灣生活和學習超過十年，能說一口流利的中文，並因此贏得了在台越南佛教徒的信任。福師父固定每週六回普悲寺，週日主持寺內的宗教儀式活動。他在台北、新

3　釋宗順。《當代越南移居人士社群在台之宗教活動研究——以新店普悲寺與新莊弘法院為例》。佛光大學佛教學系碩士論文。二〇二〇。

4　王志弘、沈孟穎。〈疆域化、縫隙介面與跨國空間：臺北市安康市場「越南街」族裔化地方研究〉。《台灣社會研究季刊》七三（二〇〇九年三月）：一一九～一六六。

北和桃園的越南社群享有廣大的聲譽，在他帶領下，普悲寺不斷發展，吸引了更多的信徒，我之前去參加盂蘭盆會的桃園分寺，就是他在二〇二〇年九月設立的。

我在新店普悲寺還遇到一位來自越南廣治省的比丘尼——相。相尼姑大我兩歲，在廟裡負責後勤工作，她會為週日參加聚會的信徒準備午餐，有時也會代替住持指導信徒念誦經文或打坐。相尼姑的個性溫柔體貼、見多識廣，許多信徒（尤其是婚姻移民）會透過參觀寺廟的機會，或傳訊息、打電話給她，和她分享心事，或傾訴家庭、婚姻裡遭遇的不幸。有一次，相尼姑還彈吉他為我唱了幾首越南老歌，一解我思鄉之愁。我住在附近，所以有時會和她相約一起出去走走，從學校的事情、家庭問題到佛教，我們像是親密的朋友般無所不聊，而這些談話讓我更加了解普悲寺，也更認識寺裡的越南信徒。另一方面，她知道我正在做這方面的研究，協助我接觸寺裡的婚姻移民，以安排後續的深入訪問。

這是為明太太孫了舉辦慶生儀式的午餐，當天參與信徒眾多，所以改在正殿用餐。（譚氏桃攝）

在田野裡成為一名佛教徒

福師父一開始就知道我是以研究生的身分來到普悲寺，了解普悲寺歷史、與信眾互動並參與活動，但仍在我第二次拜訪寺廟時，積極鼓勵我皈依成為佛教徒。

我沒有皈依特定宗教。我依照家族傳統在家裡祭祀祖先，去佛寺拜拜、到天主教堂參加彌撒，心裡不安的時候會去離我最近的寺廟或教堂祈禱，讓自己平靜下來。我原本不認為自己有必要成為任何制度性宗教的一員。儘管如此，我認為住持給的建議是個不錯的主意。首先，越南農村裡的女性大多數會稱自己佛教徒，並在五十歲左右到村子裡的寺廟或佛塔皈依。我母親就是在五十歲時皈依，我當然還不到五十，但我想若能跟母親一樣遵循這個傳統，或許是一個不錯的選擇。在越南民間，很多生老病死的儀式是由佛教出家人負責，母親與祖母告訴我，她們皈依佛教也是為了能夠更積極地參與宗教活動。其次，我在台灣研究越南佛教的宗教空間，正式皈依成為一名佛教徒，可以讓我有更多機會了解佛教及越南同鄉的信仰，特別當我們都是台灣這座島上的越南移民。於是，我最後同意住持的建議，皈依成為一名佛教徒。

二〇二〇年十月初，普悲寺舉行了皈依儀式，除了我，還有一位婚姻移民的三個女兒（一位未婚、兩位已婚），以及另一位移民的十三歲女兒，總共五人參加這次的皈依儀式。儀式完成後，一旁的見證者向我們表示祝賀，從那時起，大家正式將我視為一名佛教徒，而不僅是一位研究生。

從二〇一八年第一次參加普悲寺在新莊舉辦的盂蘭盆會，到二〇二〇年皈依成為佛教徒，相隔了兩年，皈依為我打開了另一扇窗。接下來一年，我密集地參加普悲寺週日聚會，以及一些特殊的節日活動，更加深入了解普悲寺對木柵和新店地區越南婚姻移民的意義，不論是日常生活，還是宗教上。

每週日的聚會，早上和下午各有不同的活動，早上先進行一百次跪拜，然後僧尼和信眾念誦《大悲咒》（Chú Đại Bi），整個過程大約一個半小時。接著，所有參與者會在十二點享用寺廟為信徒準備的素餐。信徒們午餐時很少交談，因為僧尼建議他們這時應該專注於所吃的東西，而不是分心談話，吃飽後的洗碗、打掃，或圍坐在桌子旁與住持喝茶時，就可以自由聊天。午餐時間結束後，有人會找個地方小憩、有人玩手機，有人則是輕聲聊天，基本上這段午休時光是為下午活動補充體力。下午的活動從兩點開始，一路進行到五點。一開始信徒會先根據僧尼指示誦經，每個人的座位前都有一本經書，大家一起發出響亮且神聖的誦經聲。中間休息十五分鐘，有人去大殿外的小花園放鬆一下、做點簡單的運動，有人聊聊日常瑣事或交換資訊，有人回休息室，有人則是去吃零食。第二階段是三十分鐘的禪修，住持會在開始前引導大家，若有人在這時有問題，他也會一一回答。禪修是一個尋找自我和平靜心情的過程，回歸自我是這個活動的核心，禪修者也會因此感受到愉悅。

除每週固定的週日聚會，普悲寺也會依據台灣傳統舉辦活動，例如五月第二個週日的母親節。我很幸運，二〇二一年和其他越南移民一起參加了母親節活動。同樣是週日的活動，但那天和平常的週日聚會有些不同，信徒不必進行早上的一百次跪拜，而是待在家裡與家人一起過節。至於那些早上還是照常到寺裡來的人，只需要做點庶務、準備午餐就行了。下午三十分鐘的禪修結束後，住持會請大家分享自己對母親的想法或感受。一開始大家不知道該如何回應這個問題，住持就請大家試著說說記憶中的母親，因為大部分人的母親都還留在越南。有幾位信徒於是說起當他們自己來台灣、為人母之後，才更感念他們的母親，整個氣氛頓時變得非常感人，有些人忍不住淚流滿面，甚至感動到哽咽無法言語。最後住持送了每人一小束花，作為這個特殊日子的禮物，眾人也與住持、兩位比丘尼在佛壇前合影留念。

除了參加新店普悲寺的週日聚會，我偶爾會到普悲寺的桃園分寺，參加每個月最後一週的集體「八關齋戒」（Thọ Bát Quan Trai giới，即在家修行者在二十四小時內守八戒）。

這兩間寺廟就是我的田野地。我觀察越南信徒如何進行宗教儀式，以及他們跟僧尼的互動；我和信徒們一起準備餐點、做家務，透過一起勞動，信徒們開始把我當自己人。我會先和他們閒聊一些日常小事，然後開始問一些簡單的問題，比如什麼時候開始參加活動、是誰介紹普悲寺給他們、在這裡的感受，以及寺廟對他們生活的重要性等等。根據我的觀察，越南移民通常午餐時安靜，但下午喝茶的時候就比較活潑了。一杯茶的時間，他們可能會交換一些日常生活的訊息，也會互相說一點自己的故事，有時則會諮詢福住持一些問題。我就是靜靜坐在一旁，聽著他們談話，有時會利用手機快速做點筆記，不然就是儘快回家，寫下當天的田野日記。這些觀察很多是訪談中問不到的，除了讓我大致了解普悲寺的活動與信徒，也激發我產生新的問題。

離開寺廟後，我會去新店木柵一帶的越南雜貨店、越南餐館、美甲店這類越南移民常去的地方逛逛，每天也會看一下普悲寺的Line聊天群組。這個有一百七十五名成員的Line群組具備多種功能，它是一個神聖的在線空間，信徒只要有時間，就可以在上面藉由打字輸入「Nam Mô A Di Đà Phật」（南無阿彌陀佛）代替念誦；它是發布寺廟每週聚會圖片和影片的平台，信徒會在群組中彼此分享台灣和越南相關的生活訊息，住持也是透過群組通知信徒普悲寺的活動、招募志工消息，或與信徒交流聯繫等等。

至於田野中深度訪談的部分主要會在寺廟外進行。我曾經試著在寺廟裡進行訪談，但意識到受訪者不太願意完整或仔細地回應，也就不好意思繼續追問，後來便改在受訪者家裡或咖啡館進行訪談。我會先向他們簡單介紹我的研究計畫，並請他／她允許我將訪談的內容錄音，訪談內容從相關的個人背景開始，接著會聊到他們來台灣生活所遭遇的挑戰和優點，最後則是請他們談談自己的宗教經驗，以及來到普悲寺的原因、他們對僧尼傳授教義的看法、在這裡的感受、與住持還有其他越南移民的關係，以及寺廟在他們的台灣生活中發揮了什麼作用；如果我觀察到受訪者經常帶著孩子一起來，我也會問他們為什麼會帶孩子來普悲寺。

大部分婚姻移民將普悲寺視為兼具「家」與「宗教」特質的空間。他們每個週末都會來廟裡學習、社交、做家務，至於對這個「家」的想像、自己在這個家中所扮演的角色，則會因為各自的家庭背景、佛法學習情況，各有不同，甚至會隨著在台時間長短、適應，與自己和台灣家庭關係的變化而有所改變。

普悲寺裡婚姻移民的故事

◎寺廟中的媽媽（Má）

六十五歲的李太太參與普悲寺的活動多年，年輕信眾和僧尼公認她是這座寺廟最虔誠的佛教徒。平常大家都親切地稱她「má」，這是越南南部方言的「媽媽」，她也像對待自己孩子般與大家相處，叫他們「con」，也就是「兒子」或「女兒」的意思。平常若遇到不愉快的事情，她會與住持或比丘尼分享，透過這種「訴苦」，稍稍感受到一點寬慰的心情。

李太太出生於一九五〇年代後半期，在西貢（今日的胡志明市）長大。她的父親祖籍中國廣東，母親是越南人，她自己則嫁給了一位越南華裔男性，生了三個孩子。李太太與小孩於二〇〇一年透過依親丈夫的方式從胡志明市移居台灣，並在木柵定居下來。李太太小時候就皈依成為佛教徒，剛到台灣那段時間，她跟著朋友參加過新北市中和區一貫道佛堂的活動，也不時會和其他越南女性移民一起去木柵的慈光寺，因為有一群越南比丘尼在那裡學中文。二〇一五年左右，李太太和信徒們開始逐漸轉向普悲寺。她幾乎每個週日都會來參加聚會，對於第一次來普悲寺的人，毫不吝惜給予協助；也因為住在附近，常常順路經過就會隨手給植物澆澆水、或做些家務。她還會為了普悲寺的宗教或非宗教事務，積極向其他越南移民、甚至一些住木柵的台灣人募捐。因著她活躍的性格，信徒、僧尼都將她視為普悲寺這個大家庭中，令人尊敬的母親角色。

◎是佛寺，也是娘家

對剛到台灣的越南移民來說，「語言」應該是他們最大的挑戰了。因為他們幾乎聽不懂也看不懂中文；這種陌生感讓移民感到孤獨。二十七歲的妙太太是婚姻移民，她就說過自己和兒子剛到台灣時，曾在越南語臉書社團「Ăn chơi Đài Loan 台灣－去哪吃啥？」問同鄉台北的越南餐廳和佛寺資訊。後來她知道了普悲寺，便經常在週日帶兒子一起來。她和兒子沒有跟公婆住在一起，丈夫也常駐越南工作，普悲寺成了他們在台灣的另一個家。她告訴我：

> 剛來台灣的時候，我就像一條離開了水的魚，非常想家。然後我找到了這座寺廟，定期拜訪。在這裡認識越南同鄉、說越南語、保留一點越南文化，讓我感到溫暖和快樂。即使在家聽釋法和的演講，如果遇到不懂的內容，也會立即詢問僧尼。

我和這裡每個人的關係都很好，他們把我當作他們的家人。普悲寺和我的家庭一樣甜蜜，也讓我得以緩解思鄉之情。

（二〇二一年四月六日，訪談紀錄）

她經常帶著兒子去普悲寺，希望小孩可以在這裡學越南語。她也相信，在寺廟裡被好的人和事包圍，兒子就會好好長大，以後成為優秀的人。雖然小孩平常玩的時候還是喜歡和其他孩子說中文，但有這個練習「聽」越南語的機會和環境，妙太太相信兒子還是能維持聽和說越南語的能力。

住在新店的蘭太太是三個女兒的母親，她覺得普悲寺就像「娘家」一樣熟悉。她來自越南南部省份，在嫁給台灣丈夫之前，曾經當過五年的移工。儘管大部分時間都在照顧小女兒，但蘭太太還是會抽空做越南甜點，並且把這些甜點作為禮物、帶到週日的聚會和大家分享。她在越南的家人也信佛教、有吃素的習慣，所以在越南時她就經常製作素食和甜點，供奉佛寺以祈福。因此，把自己做的家常菜帶到普悲寺，就像延續過去她在家鄉做過的事。同時，身為一位母親，她也希望自己這種虔誠的行為，能為孩子們帶來好運。而普悲寺舒適的氛圍也真的讓她有回到娘家的感覺。僧尼和其他寺裡的信徒都喜歡抱著她的孩子玩，還會用越南語的語調跟小女孩講話。

蘭太太和妙太太一樣，相信女兒會在這樣神聖且溫馨的環境中，好好地茁壯成長。

◎抒解婚姻不幸的台灣媳婦

在普悲寺，我也聽到很多女性信徒在台灣生活的悲慘故事，尤其是一度抱著與台灣男性建立美滿家庭的夢想，到台灣生活後卻某種程度上破滅了的故事。為了在悲慘的家庭關係和找工作的過程中「撐下去」，有些女性來到普悲寺尋求慰藉。賢太太和細太太的故事反映了普悲寺作為一間佛教寺廟，是如何幫助解救這些不幸的人。

賢太太一九六六年出生於西貢，二〇〇〇年左右嫁給台灣人並且離開了越南。他們住在新店，沒有孩子，賢太太對公婆和生病的丈夫悉心照顧，因為他們是她在台灣唯一的家人。

在知道普悲寺以前，她每週日去台北龍山寺為家人祈福。直到一位越南朋友向她提起新店有間普悲寺，她才開始每週造訪這座寺廟，也是從那時起逐漸建立起自己與普悲寺僧尼的關係。當她在生活中遇到困難時，他們會給她安慰和建議，尤其在她丈夫病重到無法自理的時候，經常是比丘尼提醒她不要反應過度，並擁抱發生的一切。賢太太說自己是「文盲」，無法掌握太複雜或太學術的內容，比丘尼簡單但有哲思的話幫助賢太太了解她生活問題的本質。或是這麼說吧，比丘尼勸她與其過分擔心未來會發生什麼，還不如專心照顧丈夫，把這當作是在積善積德。

我問她，對她來說，龍山寺和普悲寺有什麼不同？她告訴我，龍山寺可以祈福，但那裡沒有人會向她解釋佛法；相反地，普悲寺有越南僧尼，用越南語講解和教學，他們讓佛陀的教義因而變得簡單易懂。此外，在普悲寺還有其他越南姊妹和朋友，她可以和他們一起做慈善、聊宗教。她在龍山寺沒有熟人。因此對賢太太而言，普悲寺不僅是安慰、解決問題的地方，也等於是她第二個家了。

我在二〇二〇年遇到細太太時，她是一名三十八歲的婚姻移民，也是兩個孩子的母親。她嫁給一個比她大了將近三十歲的台灣男人，在新店碧潭生活了十六年。在二〇二〇年九月皈依普悲寺前，她每個星期都會去新店大坪林的一貫道佛堂，持續去了十二年。我剛認識細太太的時候，她的婚姻生活正經歷著各種波折。一方面，她的丈夫沉迷酒精和賭博，完全沒盡到自己作為配偶和父親的職責，所以細太太得一直努力工作養家。另一方面，她那兩個正值青春期的孩子有時不但會讓她失望，甚至會讓她感到快要發瘋了。用她的話來說：「我的孩子們不聽我的。」她整個人生一下子僵住了，不知道要如何面對如此不愉快的生活，甚至難過到想尋短。

直到她在YouTube上聽到釋法和的佛教講座，這些關於因果、緣分的說法喚醒了她的心，讓她接受了自己的命運，進而選擇面對嚴峻的現實。她開始變得樂觀。只是，她雖然體認到一貫道在引導弟子如何做人方面的作用，但對那些翻譯成越南語的義理卻一知半解。她發現，佛教才是更熟悉、易懂且有幫助的信仰，因為「只有了解他們（住持）的教導，我們才能改善我們的生活」。

在普悲寺參與宗教活動，有越南同鄉能幫助細太太遠離工作和生活上的壓力。每當她來到普悲寺時總是看起來很高興，我問她為什麼在這裡可以笑得很開心，她回答我：「我必須讓自己開心，才能在艱難的婚姻生活中生存。寺廟和佛教的思想讓我平靜下來，讓我振作起來。」（二〇二一年五月十六日，訪談紀錄）

◎提供集體支持

寺廟除了之於移民個人的意義，對於移民家庭也提供了集體的支持，甚至在台灣越南佛教徒社群中展現凝聚群體的作用。

二〇二一年四月初，仍有些寒冷，我如同往常一樣去普悲寺參加週日聚會。午餐後，寺廟來了一名越南男性和兩個小女孩。其他人告訴我，這位男子是花太太的第三任丈夫，兩個小女孩則是她和第二任丈夫生的小孩，透過他們的講述，我才第一次知道這位「花太太」，和她不幸的人生。

花太太生前是住在木柵的越南移民。她總共結過三次婚，第一任丈夫是台灣人，後來離婚了，兩人沒有孩子；第二任丈夫是越南華僑，兩人住在木柵安康社區，生了兩個女兒；第三任丈夫是越南移工，兩人育有一兒一女。當花太太因肝癌去世時，是由第三任丈夫負責處理一切事務，但他中文不大好，也不熟悉台灣風俗習慣，所以有位越南華人阿姨建議他，可以到普悲寺諮詢住持。他向住持請教如何安葬去世的妻子，住持建議他至少在週日來寺廟為她念誦和祈禱。

四月中旬，花太太遺體火化的那天，住持召集了信徒到殯儀館參加送葬儀式。那一天，新店、木柵一帶的佛教徒，不論是和我一樣聽聞花太太的人生故事，還是從未謀面的人，都以朋友或同鄉的身分，送她走上最後一程。在殯儀館的沉悶氣氛中，我想像著花太太就如同在越南一般，有親戚、鄰居和朋友來和她告別。雖然她不在越南，但幸運的是，即使在台北，花太太仍然有一個由僧尼和信徒組成的「宗教」社群，同情她短暫的生命，看到她的不幸，因而前往殯儀館來表達他們的憐憫之意。

花太太的故事展現了普悲寺作為一種「集體支持基礎」的運作方式。當社群中的成員遭遇不幸，比如死亡，代表寺廟的住持會及時邀請其他信徒提供幫助。

不過，上述的故事若拉長時間來看，普悲寺對婚姻移民的意義也會有些改變。明太太在我剛認識她時當上了外婆，必須留在家裡照顧外孫，所以她選擇在家修習佛法，並將有限時間貢獻於佛寺的家務。其實，妙太太在熟悉台灣生活後，也選擇了在家修習佛法，只會偶爾探望一下這個她過去視為家鄉或娘家的普悲寺。

明太太來自越南南部省份，十六年前和越南華裔丈夫搬到了木柵，離婚後則獨自帶著兩個女兒生活。明太太過去經常拜訪慈光寺，直到參加普悲寺的活動，學到很多佛教知識，也成為一名資深的佛教徒，並負責普悲寺週日聚會的廚房事務。我利用幾次幫她做飯的機會跟她聊天，問她在台灣的生活。我問她，「你覺得來到普悲寺像回家一樣嗎？」明太太回答：

回家是什麼意思？在家是工作，而不是閒聊。如果看到其他人正在談話，尤其是看到有人在茶几那裡與住持交談，請不要坐下來聊天。我們應該做什麼？應該不顧住持請客喝茶，而是去廚房打掃衛生、收拾東西、準備食物。如果不做家務、不做飯，只顧著和住持聊天，廚房就會亂成一團，那回家還有什麼意義？如果你說到普悲寺就像回家，我不完全同意你的看法。這是我的意見，我不知道其他人的感受。如果你是指在普悲寺感受到在越南家鄉的感覺，對我來說曾經是如此。一開始由於缺乏愛，也沒有一個可以說越南語的空間，所以我每次來普悲寺都覺得很高興。但自從我成為一個資深的佛教徒，佛陀在我的心裡。我已經有能力處理生活中的一切，沒有必要依賴普悲寺、把它視為精神上的家，我已經沒有那種感覺了。

（二〇二一年七月二十一日，訪談紀錄）

與明太太的想法有些相似，妙太太後來告訴我，現在的她並不像過去那樣，認為普悲寺對她的宗教觀念存在某種重要性了。她退出寺廟的Line群組，開始透過YouTube上一些越南知名僧人的佛法講座，自學佛教思想。她沒有選擇去寺廟閉關、或是積累功德和智慧。她想要學習如何自己面對生活中的挑戰，並找到改變它們的方法。然後她認為，聽佛法比參加普悲寺的週日聚會更好。話雖如此，她仍然將普悲寺視為家鄉，並偶爾拜訪這座寺廟。

明太太和妙太太的轉變提醒了我，對剛到台灣並且或多或少在陌生社會中迷失的越南「新」移民來說，普悲寺提供了一種在「家」的感覺，也在需要精神支持的人的生活中發揮了重要作用。但對那些習慣了台灣社會、能夠自己處理各種情況的移民來說，普悲寺的這兩項功能已經不再具有意義，他們偶爾還是會來到普悲寺，只是不是來尋求佛法或「家」的慰藉，而是作為一個已經長成的家人，回來幫幫忙罷了。

「家」的情懷

上述故事揭示了宗教，尤其是佛教，在台灣越南婚姻移民生活中發揮的作用。定居在一個與家鄉文化殊異的陌生土地，移民們在普悲寺找到了家鄉的影子。儘管每個人對於普悲寺在自己生活中的意義看法不同，但所有人都同意，他們很幸運能擁有一間目的就是為了滿足越南移民需求的佛教寺廟。信徒們對僧尼也充滿敬意，因為大部分的僧尼是研究生，都還在學習佛法與課業，但仍願意花時間為他們講解佛法、聆聽他們的生命故事、幫助他們解決生活中的疑難和問題。許多人在參加了普悲寺的活動後，發現他們的生活變得更加平靜且有意義。

普悲寺體現了越南佛教研究者亞歷山大．蘇西在《佛陀這一端：越南的性別、權力與佛教實踐》一書所說：「佛教或一般宗教的參與提供了某種途徑，人們不僅可以透過這些途徑獲得意義，而且還可以掌握他們自己的生活。」[5]

普悲寺的故事也呼應了海倫．泰勒關於家與避難所的研究發現。泰勒在《難民與家的意義》一書中主張，「『家』並不是指涉一個物理結構上的『房子』，而是指讓我們想起有著『家的感覺』的『物體』和『關係』。對移民來說，讓他們有如同『在家』的感覺，需要具備四個要素，即『熟悉感、安全感、社群感和可能性感（a sense of possibility）』。」[6] 食物可以塑造其中三種感覺，因為食物有助於滿足基本需求，它提供

5 Alexander Soucy. *The Buddha Side: Gender, Power, and Buddhist Practice in Vietnam*. (Honolulu: University of Hawai'i Press, 2012), 5.

6 Helen Taylor. *Refugees and the Meaning of Home: Cypriot Narratives of Loss, Longing and Daily Life in London*.

了安全保障，而熟悉感可以透過烹飪的做法獲得，和團體成員一起共享食物則會創造一種社群感。[7]

對普悲寺的信徒來說，所謂的「家」，是指娘家或是夫家。但在台灣，大多數越南結婚移民的娘家在越南，所以他們大多缺乏來自娘家的支持。普悲寺作為一個宗教空間，為信徒提供了在台灣擬親屬關係的家庭，在這個家庭中，成員們互相支持、透過共同參與家務勞動和成員的葬禮，來建立與強化擬親屬關係。對某些人來說，她是創造這個擬親屬家庭關係的核心人物，例如李太太；有些初抵台灣或年紀較輕的婚姻移民將這裡視為「娘家」；有些人婚姻不幸福或親子關係不和睦，在這裡獲得精神支持與救贖；有些人累積學習佛法的能力後，將普悲寺視為世俗的家一般，自己來這裡是做家事勞動、而非求法，或者索性離開每週的儀式活動，久久才回「娘家」一次。

普悲寺自二〇一三年成立以來，在鄰近地區的越南女性移民及台灣各地的越南佛教信徒的生活中發揮了重要作用。我在田野裡得出一個結論：「普悲寺作為越南佛教寺廟，已經成為大台北地區越南信徒的宗教支柱、共同的家園和救贖空間。」

參與週日聚會的信徒有時會在下午的活動結束後，又立即聚在一起吃晚飯。談話帶給他們好好了解彼此的機會，透過這樣的互動，信徒們慢慢產生了像家人一樣的強烈依賴。他們把這座寺廟看成自己在越南的家。在他們眼裡，來到寺廟，就像是回到了家。所謂的「家鄉情懷」可以透過不同面向呈現：他們說同一種語言（越南語）、他們一起做一起吃越南菜、他們像在越南一樣關心彼此。成為台灣公民，是他們為了謀生和改善經濟地位需要有的好運氣，然而，他們本質上仍然是越南人。他們需要彰顯這種身分。寺廟或多或少為他們提供了物質和精神條件，來實踐這個身分。

《佛教前哨》（*Outpost Buddhism*）一書中強調當今越南女性的佛教實踐，令我印象最

(London: Palgrave Macmillan, 2015), 105.

7 Ghassan Hage. "At Home in the Entrails of the West: Multiculturalism, 'Ethnic Food' and Migrant Home-building." In *Home/World. Space, Community and Marginality in Sydney's West*, ed. Helen Grace et al. (Western Sydney: Pluto Press, 1997), 109; Helen Taylor. *Refugees and the Meaning of Home: Cypriot Narratives of Loss, Longing and Daily Life in London*, 105.

深的是關於越南人宗教行為的生動寫照：在越南，人們單獨去佛教寺廟祈禱、供養，然後離開，他們僅在平日念經、打坐、禮拜與吃素。不過海外越南社群的宗教實踐與在越南國內仍有所差異，通常只有在週末與重要節日才能進行宗教實踐。

根據大多數越南人的宗教觀念，越南文的chùa（中文翻譯成佛寺或寶塔），並不是學習佛教思想的地方，chùa是一個神聖且寧靜的空間，讓拜訪的人可以感到寬慰。此外，chùa中供奉的佛陀和觀世音菩薩與其他神靈一樣強大，可以幫助祈求者實現他們的願望。因此，很多不認為自己是佛教徒的人，往往也會在農曆正月初一、十五到chùa進行供養，以求平安、好運、財富、能力等。佛教思想的追求通常是神職人員的職責。越南人跨越國界工作、學習或在新社會安頓下來時，也帶著這種思考模式。他們試圖在另一個國家維持他們的宗教行為，每當他們想向神明祈求獲得好運時，就會尋找並拜訪附近的寺廟或寶塔。在這樣特殊的條件下，這些在台越南佛寺往往成為移民「共同的家」，以及提供「宗教支持」的來源。

蘇西對加拿大和其他環境中散居的越南宗教機構進行調查時發現，「社群認同」和

「支持性」是海外越南佛教寺廟的兩個重要特點，[8] 而這個論點也非常符合普悲寺的情況。普悲寺被公認為台灣第一座越南佛教寺廟，自二〇一三年起將台灣各地的越南移民連結在一起，尤其是居住在木柵和新店的越南移民。對於後者，普悲寺已成為加強移民社群連結的接著劑，也是延續宗教信仰的地方，更是一個提供精神幫助和舒適空間之替代的家。可以說，普悲寺其實發揮了宗教空間和社會空間的雙重作用。

作為一個宗教空間，寺廟透過在週日和其他特殊節日舉辦各種宗教活動，滿足信徒們的宗教需求。透過打坐、跪拜、念經等儀式，參與者感到寬慰，也更接近佛陀，還更加了解在別處讀到或聽到的佛教思想。有些人可以利用這個空間來紀念他們過世的父母。住持也為有需求的人提供一些宗教方面的服務：驅邪、解凶、祈求平安、生活興旺等等。此外，越南人通常在農曆正月十五拜訪寺廟或寶塔，但大台北的越南移民則是每

---

8 Alexander Soucy, "Outpost Buddhism: Vietnamese Buddhists in Halifax," *Canadian Journal of Buddhist Studies* (9, 2013): 112.

個週日都會來普悲寺，甚至平日有空也會來。這種高頻率的拜訪顯示了這些移民似乎比他們越南家鄉的同胞更為虔誠。他們還發現普悲寺是靈性方面的救贖和保護空間，與佛陀和佛教教義相聯繫，讓信徒得以平靜他們因婚姻或家庭問題產生的混亂心情。透過這種方式，普悲寺在越南以外的另一個社會中，延續越南人的宗教傳統。

作為一個社會空間，普悲寺對於移民社群來說，是一個「大家庭」。信徒來到這座寺廟不僅僅是為了滿足他們的精神需求，他們也喜歡待在那裡，因為待在那裡就如同待在越南的家一樣熟悉。自由地說越南語，與其他信徒在這座寺廟一起享受食物，都傳達了一種在家或回家的感覺。在這裡學習佛教義理是一回事，更重要的是，這裡讓他們有如同回家的感受。這種越南氛圍讓他們感到快樂，也讓他們更願意面對在陌生的社會中所遭遇工作和婚姻生活中的困難。

當研究者變成「圈內人」

我之前參與過很多次集體的田野調查工作，這是第一次單獨進行研究，並且是第一次在宗教場域中成為田野工作者。更有意思的是，在這個過程中，我成了皈依儀式的主角之一，成為普悲寺在家居士。因此，我有機會以「圈內人」和「研究者」的雙重身分，多次而深入地接觸這間寺廟，以及廟裡的佛教僧尼和越南信眾。每當我採訪這些移民佛教徒時（不論是在寺廟內還是寺廟外），總是將自己定位在兩種不同的身分中，這種二元性讓我體驗了散居海外的越南佛教徒所過的生活，並透過觀察者的視角去理解這樣的生活形式。在田野調查現場成為一名佛教徒，這個身分讓我的研究受益匪淺，藉由這個身分，我可以更容易進入寺廟，並且融入其他人。

作為一名越南移民佛教徒，這座寺廟在佛教徒的生活中究竟扮演了什麼角色？我曾經拿這個問題問過我所有的受訪者，而現在，我自己也在思考這個問題的答案。我既不是婚姻移民，也不是來台從事勞力工作的移工。我是一名越南籍博士生，來台灣最主要的任務就是學習與做研究。因此，我鮮少關注自己在台灣的同鄉，甚至根本不知道政大周邊有那麼多的越南移民。一開始我自認跟他們不一樣，但隨著研究的進行，出乎意料的是，我在普悲寺的參與觀察讓我更加接近這些移民群體，並漸漸改變了自己最初的想法。皈依沒有加強我對佛教的信仰，或是對佛教義理更深的認識，但讓我理解了海外佛教徒的日常生活經歷與宗教生活實踐。除此以外，我每週參加普悲寺的活動，與越南移民婦女頻繁互動，也逐漸改變了我對他們的看法。我不再認為這些女性只是無助或被動的一群人。相反地，我認為他們其實是積極且機智的行動者，盡力用自己熟悉的越南文化，在陌生國度建立新的生活。

我花了很多時間在既有的文獻中尋找家庭對移民的多重意義，但最後我還是只能透過我在普悲寺的親身經歷來理解，為什麼讓他們認為普悲寺「有家的感覺」對他們而言如此重要。當其他的長輩把我當作妹妹或女兒一樣關心時，我才真的能感覺到為什麼「有家的感覺」是一件重要的事。正因爲如此，寺廟也自然而然地成為了我的「家」，是一個充滿陪伴、熟悉，還有安全感的地方。二〇二一年秋天，我結束田野工作，搬到新北市淡水專心書寫論文，當時我覺得好孤單，但當我二〇二二年秋天搬回文山區，重新拜訪寺廟與越南移民連結，確實有一種「回家」的感覺。

每一個研究者都有自己蒐集研究材料的特殊方法。如果問我對於在越南佛寺的田野調查有什麼建議，我認為尊重、開放與周全的準備是研究者在進行研究時應該具備的最基本態度。要不要從「研究者」轉換到「圈內人」是研究者可以選擇的，而不是為了取得更多研究材料所必需的方式。

這個田野故事，是我成為一名佛教徒的田野工作所蒐集到的在台越南移民佛教徒的經歷，以及我個人身為一名佛教徒的田野工作經歷。

譚氏桃
Dam Thi Dao

我來自越南，目前是國立政治大學亞太研究英語博士學位學程的學生。我在河內國立教育大學主修歷史，獲得學士和碩士學位。在越南社會科學院擔任研究員期間，我對民族誌的興趣不斷增長。我參加了一些有關質性研究的短期培訓課程，並參加了越南與印尼的實地考察以進行觀察和深入訪談。

我對人類學研究的熱情是在我來台灣讀博士後才得以實現的。在攻讀學位期間，我遇到了許多越南同鄉，從學生、移工、婚姻移民到專業宗教人士，並看到他們如何在宗教活動中互動交流。這段經歷啟發我探索宗教場所或空間在越南移民的異國生活中所扮演的角色與其重要性。我在本書的篇章中揭示了我選擇這個研究課題的動機，以及我以台灣北部越南佛教寺廟作為實地考察點的發現，還有田野調查方法上的反思。

什麼是田野？
當國際志工遇上田野調查

李盈萱

由志工開始的田野是崎嶇的、是缺少準備的，甚至可能有著潛在的倫理問題。但志工開始做田野後，會開始對地方產生不同的認識，藉由參與社區活動，和原本的志工活動產生呼應，也能讓志工團在看見社區各種面向和實際狀況後，依據現況調整服務方案，對於「服務設計」、「課程教學」、「志工倫理」、「反思」，都是利大於弊。

大學階段，參與國際志工社的我曾過分自信地自詡能改變世界，認為自己能在台灣和各國偏遠地區藉由所謂多元有趣的教育營隊，帶領偏鄉孩子發現自我價值和認識世界。但當時的我卻沒注意到，在一味提供硬體資源和創造高互動性的教案時，我們有沒有真正走進孩子和社區居民的世界，用他們的視角思考什麼才是他們的需要？

直到大二，二〇一六年在泰北的那個暑假，與當地人一起在爐火旁烤著糯米粑粑（類似烤麻糬的食物），天南地北聊著天時，我才發現唯有真正與地方居民互動、生活，那些改變世界、改變地方的理想才有實現的可能。

「做田野」聽起來似乎很簡單，卻是我在近八年國際志工經驗裡，不斷磕碰才逐漸理解的一種走入地方、看見地方並與地方互動的一種方式。

是服務是學習？還是添麻煩？

人的一生太平凡黯淡了，但如果有一群流星突然刷地一聲劃過天際，那一瞬間的感動會在心底一直閃耀著。

——中國廣西寶贈村小學校長

國際志工是近年來許多青年積極在寒暑假期間參與的校外活動，透過幾週時間到外國參與社區服務或教育工作。「國際」與「志工」這兩個詞像是專屬於大學青春的黃金甲，穿上它們似乎就能為大學生活和人生履歷加上不敗。參與國際志工的我們帶著各種各樣的原因到來：希望增加國際視野、沒有在國外當過志工、希望可以為世界帶來一點改變，或單純覺得自己很幸運，想為他人付出些什麼。這些動機並沒什麼不好，但似乎多來自於「我」，少了點看見問題、分析問題之後，基於對在地的認識所開始的行動。

而我的國際志工旅途也是這樣開始的。

二〇一五年，我大一，在中國廣西大山裡的侗族村落當了兩週的國際志工。當地因為人口外移及在地工作機會嚴重缺乏，孩子多半是由爺爺奶奶照顧的「留守兒童」，學校編制只到小學四年級，五年級後就要到縣城才有繼續升學的機會。團隊在出發前花盡心力設計教案與活動、募集書籍與文具，試圖為參加營隊的孩子們留下美好的十天回憶。過程中，我們盡心盡力執行每個計畫，試著去了解每個孩子並發現他們的特點。離開那天，分別的情緒讓每位志工和孩子都哭得不能自已，那晚校長說：「你們就是這些孩子生命中的流星。」

回台後，我們辦了許多場志工分享會，講了許多在廣西與孩子們寫下的故事，以及這些孩子為我們帶來的感動，甚至在校內外拿了幾個志工服務獎項。不過，後來因為志工安全問題與政治因素，社團必須更換服務據點。我們再也沒有回到當地，我成了這次中國廣西隊第一批，也是最後一批的成員。幾經波折，我們最後決定將服務據點換到泰北清萊府美斯樂鄉的一所華文小學。

相對於前一次的國際志工經驗，這次我們更關注於對地方的認識，行前除了蒐集資料，也拜訪了曾到過當地的學姊與教授。半年後，我帶著十名隊員第一次踏入泰國。沒想到，在服務設計以外的困境，是要先解決迷路的問題，以及做好組織管理。

出了泰國機場後，我們搭上前往巴士總站的接駁車，正以為一切順利，突然發現我們搭的是開往另一個巴士總站的接駁車。幾經波折終於到了對的巴士站，卻又發現售票窗口的服務人員聽不懂我事前練習了好幾遍的泰文巴士站名，而其他耐不住性子的隊員居然已經開始在車站「觀光」了起來。最後還是請美斯樂當地民宿老闆透過電話幫我們買票，才成功搭上了前往「清萊」的大巴，而這一切不過是飛機落地後五小時內發生的事情。

泰國長途大巴的司機跟檢票員特別照顧我們這些「外國人」，除了讓我們十個人的行李占據了底層大半個行李空間，司機還教我們如何在中途的休息站用票券兌換點心和飲料，當然也數次確認我們要去的目的地。從曼谷出發，經歷十多個小時的車程，早晨六點在迷迷糊糊中被司機叫醒，我們的站到了。下車後按照民宿老闆的指示找著上山雙條車（一種有棚頂但沒有後門的當地交通車）的轉乘處，但一問之下才知道，我們下錯站了。我們上山巴士的轉乘點是在一個叫作「美沾」(แม่จัน, Mae Chan）的轉運點，而司機將我們送到了「美賽」(แม่สาย, Mae Sai）。美賽是一個位於泰緬邊界的縣城，這裡雖然也有許多的華人聚落，但我們詢問的司機剛好都聽不懂華語，無奈之下，只好再打給民宿老闆。

「沒事，我剛起床，你們到哪裡啦，我來跟司機說。」民宿老闆在電話的另一頭相當有耐心，不但沒有絲毫不悅，還仔細地幫我們翻譯、與司機溝通，試圖尋找最適合的轉乘路線。於是再轉了兩趟車後，我們終於抵達了傳說中的美斯樂。

很久以後我才知道，我們迷路那天，民宿老闆根本不是剛起床，而是特別等了我們一夜，只為了確保我們能平安抵達。

我一直很討厭「做服務」這種說法，彷彿是外來者強勢帶著資源去介入、碾壓地方，誰說，所謂的地方「正確」「發展方向」該由一群外來者所定義？更何況，從落地泰國的那一刻起，除了不停迷路，我們更接受了各種當地人給予的便利與幫忙，我想，沒有人會覺得我們是在「做服務」，正好相反，我們都在「被服務」。所以到頭來，「國際志工」是誰服務了誰？

＊＊＊

泰北向來以「異域」之名為台灣人所知，美斯樂鄉更因作為當時孤軍從緬甸遷移至泰國的一大根據地，以及後來台灣茶葉技術轉植計畫的成功，成為在台頗負盛名的華人村和觀光地。在這樣的歷史背景之下，清萊與清邁府有許多華人村與華文學校，學生大多早上去泰文學校上課，晚上到華文學校上課。由於當地工作機會缺乏，不少學生會到大城市從事旅遊業，在曼谷和普吉島等地接待中國遊客的薪水是在當地工作的三倍，甚至更多，而華語文也逐漸成為必備技能。相對地，青年人口外移不只對泰北華人村的產業發展造成影響，更使得當地教師長期短缺，除了台灣派到當地的替代役、退休老師、志工老師，以及中國近年投入的教師資源，許多華校老師是早上另有兼職的老師和高中學生。這些早上在泰文高中上課、晚上再到華文學校教書的小老師們，也多會在高中畢業後離開當地以尋求更好的發展，使得師資不足的困境在泰北成為一種惡性循環。

同時，泰北也是台灣人研究與志工服務的一大熱點。在泰北華人村當志工，很難不遇到其他的台灣志工團，而這些志工帶給地方的，除了文具、書籍，以及五花八門的「多元教育」，也包含吵鬧對地方增添的負擔。

大學生志工在服務地是很引人注目的。無論穿著打扮或是行動的方式，一群人穿著顏色鮮豔的團服，或者拿著相機有說有笑地三兩成群。但這樣顯眼的志工團卻時常只活在自己的「環境泡泡」中，整個團隊如泡泡一般地在自己設計好的計畫與時間裡行動，忽略了自身以外的環境。

我所屬的志工團有每天開檢討與反思會的規定，團員會在每天晚上檢討當天的課程活動以及其他在社區裡發生的事情，並重新確認隔天的活動流程與進行課程準備。但十個大學生聚在一起免不了會有氣氛過度歡樂，或討論太激烈的時刻。對志工團以外的人來說，這些可能不是青年志工的熱血激情，而是打擾休息的噪音。我們就曾遇到隔壁房間的外籍遊客直接敲響我們的房門，「請」我們降低音量。檢討與反思會的本意良善，希望及時修正每個計畫不完善之處，並讓團員們深刻地對地方、對自身的行動進行討論，但就算檢討後的計畫變得再完善，當這樣的討論成為噪音甚至影響到他人，我們就成了自以為認真卻影響著在地的服務汙染。

服務汙染有時看似無意，實則是對地方、甚至團隊的一大傷害。

服務從來不會只是服務，總是會伴隨著數不盡的學習，我也是在踏入地方很久以後才發現，所謂的「泡泡」對於團隊、對於地方都有其必要。它能確保一定規則制度以避免傷害，但它同時也應該要是一個隨著團隊自我調節，並在與地方交流過程中，不停變動的不規則形體。

糖果與它們的產地

世界上有許多需要幫助的人，重點不是你能幫助多少人，而是你們能幫助他們的需要。

——高中作文老師

參與教育服務工作的大學志工團常常藉由設計多元的課程和各種活動，來「引發」學生的學習動機，而「糖果」是這些課程中的重要推手。無論是課堂中的有獎徵答還是活動中的競賽獎品，許多的服務隊都會選擇用糖果作為鼓勵學生參與跟學習的介質，希望透過一點外在刺激來讓更多學生願意參與活動。

我從來不覺得服務隊的存在是不必要的，而這也是激發我後續行動的一大關鍵，但在服務隊中什麼是「必要」的，就值得進一步討論。

對於志工隊而言，糖果是一種低成本高收穫的東西，取得容易、價格不高，也不占行李空間，還可以在發送糖果時感受全班學生的興奮與「眾星拱月」的快樂——當台下學生一個個舉手搶答問題、參與活動時，好似為服務隊創造了一個教學成功的美好畫面。可是之後呢？在服務隊離開學校後，哪位學校老師要負責買糖果、發糖果？或者說，糖果的存在到底是增加了學生的學習動機，還是增加了學校的經營危機？

我們擔任志工老師的學校，是一所位於美斯樂阿卡族村落的華文小學，學校設立於當地華校教育最興盛的時期，但當學校開始經營後，卻發現會選擇該校的學生多半是經濟上較不寬裕的少數民族。之後，受到一位佛寺法師的資金支持，這間小學轉為不收學費，學生只需負擔書本費即可就讀。但這也僅能讓學校勉強運作，而該校老師的薪資也僅有五千塊泰銖（約等同新台幣五千元）。

這樣的學校在泰北並非唯一，而「舉手就有糖吃」的制度在這裡的出現，我想並不是學校真正的需要。

「這不是他們平常的樣子啦！現在是你們跟他們不熟，等你待一個月之後就知道了。」學校主任在某天課間這樣告訴我，他說學生的積極跟向學只是對志工老師的新鮮感，若我們長期留下，面臨的會是其他的教學挑戰。

台灣跟泰國的學期時間不同，台灣大學生寒暑假到當地學校舉辦營隊時，正是當地學校的學期期間，甚至常常只與期中、期末考相差一、兩週，而多數華校會選擇配合志工團隊，讓出某幾節課來讓志工老師「教」，或「辦營隊」。

泰北的華校不只教華語文，還會教授數學、三字經、自然等科目，這與華校發展歷史以及當地最初教育資源的提供有關，而這樣的傳統在泰國國民教育進入泰北華人村後仍舊持續，近來也開始有華校教授電腦、英文等課程。規模較小的華文學校由於長期缺乏師資，許多老師需要身兼不同科目，或者說，科目的調整往往與老師的專長息息相關。

若遇上授課老師不足，或老師當天有其他外務，學生便會以自習的方式度過一節課（甚至一整天）的課程。於是，對某些泰北華校來說，志工團隊既是打斷學生原有進度的「營隊」，又是協助學校補充臨時人力「救兵」般的微妙存在。像我在泰北幾次擔任教學志工的經驗中，就有好幾次是當天才被告知要多上幾節課，或協助其他班級補上某些課程的進度，只是這種突發狀況往往會因為過於倉促，而在課程準備上顯得十分不足。

另一種有趣的現象是進駐大型華文學校的志工團。一些規模較大、能量較充足的學校，能「吸引」較多的志工團隊，也較能安排人手「接待」，使得這些學校的志工營隊滿檔到需要協調分配，部分班級參加A營隊，部分班級參加B營隊，也有學生在七、八月間需要參與兩到三場志工營隊的情況。不過，這些營隊活動皆是在學校的「學期間」。

此外，華校學生的母語不一定都是華語。泰北族群多，部分學生生活中主要使用的語言是泰語與少數民族語言，這讓部分學校的華語文教學近年來遇到了另一種挑戰，也就是不同於過去是教母語使用者華語文，現今是教非母語使用者華語文。

「學生會為了想多跟你們聊天所以努力說華語。」一位當地老師告訴我。

我想，志工團隊之於當地華校也是一種如「糖果」般的存在，一方面似乎協助華校解決了一些問題，好比在短期內補足人力缺口或增加學生說華語、學華文的動力，但另一方面，卻也不完全是學校真正的「需要」，甚至是個需要學校額外花費時間、精力去維持與協調的存在。

志工，或甚至是非營利組織工作者、發展工作者，究竟應該如何挖掘地方的真正需要？我想，應該不會有標準答案，但在無數個如發糖果般荒誕的志工經驗後，我似乎也慢慢地建立了更多與地方的關係。

「被田野」的志工

再次參與泰北服務隊是在二〇一七我升大三的那年。有了之前的經驗，這次少了初次到訪泰國的緊張和焦慮，雖然還是因為計畫各種變動和種種營隊瑣事而不安，但也多了一些深入思考志工團隊與地方關係的機會。

相對於上次兩週的營期，這次再訪美斯樂的時間拉長到了一個月，面對這樣時長的調整，第一個出現的問題便是：這麼長的時間要做什麼？

除了天數增加，一天內的時間安排也是問題。不同於台灣國內和其他地方的志工營隊大多是從一早開始，可以安排一整天的活動，泰北當地的上課時間是從下午四點開始，所以華語文教學志工營隊的活動和課程也得從下午展開，這時志工團隊便要面對「早上要做什麼」的問題。有些團隊選擇參觀當地景點，有些選擇開會、備課，也有些會去造訪當地榮民之家。而我們打算在這次出團時開始「走社區」，也就是認識地方。

這個決定一開始其實沒有太多的深意，單純就是想讓隊員有事可做，同時也希望能寫更多關於地方的小故事。在台灣的籌備期間，我們有請政大民族學系的老師先幫大家上了幾堂田野調查方法與訪談技巧課程，也找了在地方發展組織工作的前輩分享地方採寫的經驗。只不過，雖說做了事前的調查也寫了作業，但練習與實際上場仍有很大的距離……

那時走入社區的我們根本不能說是「做田野」，更遑論「參與觀察」，完全是把社區當百貨公司一般地亂走亂逛。而實際開始行動的那天我永遠不會忘記，因為那正是我與泰北繫上紅線的開始。

「走社區」計畫的負責人是那次營隊的副隊長，同樣身為大二生的她因為曾經跟著紀錄片導演拍片，比大家多一點點「田野經驗」。實際要開始行動的那天早上，副隊長把團員兩人或三人地分成一組，再次交代了安全等注意事項後，說：「今天每一組沒有認識兩個人之前不要給我回來。」然後就把我們趕出了民宿。

初入田野的我是緊張而不知所措的，雖然是第二次到這個社區，不用害怕迷路，但背負著隊長的身分與副隊長給予的「考驗」，當時的我大概有一半是被壓力推著往前走。

社區裡的每個人在我眼裡都像極了獵物，每經過一家店、一個人，都會跟組員對看個幾眼，用眼神溝通要不要跟對方說話？要選哪一個人、要說什麼話？

從民宿出來後有一個斜坡，走過斜坡後會經過幾個小店與民居，在這短短一百五十公尺左右的距離，我覺得我的內心已經針對如何開始與人搭話彩排了近百遍，遇到人時會猶豫要不要開口，沒遇到人又擔心完成不了任務……反反覆覆的心情轉折後，終於，我們的「第一次」發生在7－11旁的小雜貨店前。嚴格來說，這個「第一次」是搭著其他組成員的行動開始的，我默默站在其他組成員旁邊聽他們對話，然後簡單搭上幾句，假裝自己也在對話之中，心裡默默思考這樣算不算是認識了一個人。

一陣尷尬後，我與組員們決定繼續前進，尋找下一個「獵物」。

7－11旁有條岔路，走到底是當地的社區活動中心，旁邊有幾條再岔出去的小路，沿路則是一般住家，這一區是當地主要華人家戶集中地之一。

走進岔路後，我與組員們各自觀察著身邊的景物，我的組員被一隻小貓吸引到了另一端的屋簷下，而我則繼續沿著這條不太長的路往下走，希望可以完成我的走社區任務。

美斯樂街景。(「樂。斯屬」團隊提供)

我觀察周遭的建築，有的貼著春聯、有的掛著紅色燈籠，不經意間，我望進一個大門敞開的房子。未開燈的屋內，太陽光顯得格外顯眼，沿著陽光灑進房門的線條，我看見一位阿姨正坐在客廳中間包粽子。阿姨熟練地折好葉子，舀入一勺米後將葉子裹成三角狀，再用繩子把粽子跟其他包好的粽子綁在一起，一套動作如行雲流水，我彷彿回到台灣端午節時看我的阿嬤包粽子一般。當我還在想著這裡的粽子怎麼只包米而不加配料時，「進來啊！從哪裡來的？」洪阿姨的聲音打斷了我的思緒，也是這時我才發現，原來自己早已經看得入迷。

這一刻，我找到了我的「獵物」，也開始了我的第一次田野訪談，不過獵物不是阿姨而是我自己。不同於預想的訪談流程，我的第一次田野是在當地人邀請之下開始，對於當時零田野經驗又漫無目標在社區亂走的自己，是一個難得甚至有點神奇的經歷，是一種說不上違反倫理，但絕對不同於正常程序的方式。

在了解洪阿姨的背景後，我知道阿姨是來自西雙版納的傣族人，不太會講華語，也不太會講泰語，對於當時聽不太懂雲南方言又完全不會講泰語的我，第一次的「訪談」

因此更加困難。在經驗不足和語言隔閡的情況下，我用比手畫腳和各種借代詞勉強完成了訪談。除了經驗不足，這次的訪談基本上是漫無目標的，我不知道該問什麼，也不知道為什麼要問，不過在我結結巴巴的提問下，還是大概認識了洪阿姨的基本資料、有哪些家人，以及家人們都在哪裡。

但這種以荒誕開始，用無知進行的第一次訪談，卻為我和團隊帶來了意外收穫。原以為第一次的訪談將在悄無聲息的一陣尷尬中默默結束。「晚上一起來跳舞啊！」洪阿姨在我想不到下一個問題而沉默時突然這麼說，這是她對我發出的第二個邀請。驚訝之餘，我急忙應聲說好，一邊想著是社區有什麼重要的節日還是活動嗎？怎麼會有跳舞的活動可以參加？

這次的跳舞邀約也真正開始了我與美斯樂的緣分。那天晚上，我帶著十位隊員一起在社區活動中心參與了阿姨們的跳舞活動。一開始，團員們拿著相機手機，拍著錄著阿姨們跳舞的樣貌，沒有人敢踏進跳舞的圈圈。隨著阿姨們不停地邀請、鼓勵，大家才一個個跟在阿姨旁邊，開始了第一次的「打歌」。

「打歌」是雲南的一項傳統活動，古時家家戶戶會在農忙後和婚喪喜慶的日子一起「打歌」，不分男女老少，圍成圈跳舞踏步。而我們參加的是由當地一群婦女組成的打歌團「雲風采」，參加者將近百人，有跳舞老師和工作分組，每天晚上都會在社區活動中心或籃球場的空地練習跳舞。在延續傳統打歌文化之餘，打歌團也成為當地婦女一天重要的運動和交流時間，更是附近村子爭相邀約的表演團隊。

在每天的練習下，阿姨們跳得極其熟練，透過老師的改編，各式歌曲結合

2022年末，於美斯樂與雲風采打歌團阿姨們的合照。（李盈萱提供）

變化的舞步，從雲南民謠到華語歌曲、從慢歌到搖滾，每一首都有不同的舞步和節拍，而阿姨們總能精準地切換歌曲與舞步。蹣跚學步一般，我們踉蹌地努力模仿每個舞步，阿姨說從腳開始練習，熟練後再加上手部動作，就可以很快地跟上了。

跟著阿姨們學跳舞就好像做田野一般，唯有從根基開始的學習與認識，才有可能從中發現與學習那些不會注意過的細節，模仿的舞步雖然荒誕可笑，但也因此得以讓我們在一陣又一陣的歡笑中，逐漸認識這些舞藝高超又可愛無比的阿姨們。

或許是難得有一群來自台灣的大學生一起跳舞，也或許是出於對我們的關照之心，那次「打歌」之後，有兩、三位阿姨主動邀請我們到他們家吃飯聊天，而這也開啟了更多參與社區活動的機會。我們像跟屁蟲似的，跟著阿姨們的步伐，參與了婚禮和雲風采的表演活動。慢慢地，我們不再只是一個在民宿和華文學校兩點一線之間移動的志工團隊，而開始有機會從不同的視角和活動認識美斯樂。

相較於過去熟悉的教案設計與籌備，我們的「田野」其實是準備不足的，也沒有具體目標和妥當規畫，蒐集到的資料大多是對地方粗淺的認識。但對於大學志工團隊而言，進入社區卻提供了更好的反思機會，讓我們得以在原有的華校服務規畫外，重新思索團隊與地方的關係，也重新思考國際志工的價值與意義。

志工在田野中，或說台灣志工學生在泰北華人村中，其實享有多一層來自地方的關照——與其說我們對地方好奇，不如說在地人對我們也很好奇，「台灣學生」、「台灣小娃」是我們的稱號。開始走入社區後，我們受到許多來自社區的款待，相對於一般外國人進入社區做研究需要正式申請、向地方政府報備，官方會邀請地方重要人士與政府官員作為研究者的訪談對象，志工團隊這種類似「旅遊」的模式，[1]可以觸及不同於正式研究的面向。因為「無知」，地方似乎對志工團隊的「小朋友」們有著如同對子女般的照顧情懷，在與當地居民聊天、訪問時，得到的回答也較少所謂的「官方說法」，而更貼近居民真實的想法與個人觀點，表達相關意見時也不太會對志工團學生抱有戒心，反而比較像是用分享、給予建議的方式在與大家溝通互動。

「你們很幸運可以念大學，阿姨的女兒說不想要媽媽太累，所以高中念完就回家幫忙。你們要好好讀書，以後賺大錢，孝順爸爸媽媽。」

某天，在李阿姨家和她一起做了一天的蛋糕，當晚阿姨這樣對我說。類似的場景不停發生，對地方的認識也這樣一點一滴建立了起來，雖然沒有設計精美的問卷，當然也沒有所謂的問題意識，但這些地方居民真心分享想法與人生建議的背後，卻時刻呼應著我們參與的地方活動，也隱藏著關於地方的社會問題。

李阿姨一家是穆斯林家庭，也為孤軍後代，同樣從雲南遷徙到泰北的他們，顯示著泰北雲南社群中隱藏著某個比例的穆斯林，而阿姨小女兒自願留鄉協助家中事業，也說明了當地工作、經濟發展和教育資源的潛在狀況。當然，李阿姨所說的孝順父母、賺大錢，更反映了當地華人社群的價值觀。

1「志工旅遊是指以個人或團體的方式帶著一種目的的旅行，而這個目的是透過擔任志工參與援助活動，消除弱勢團體的物質貧窮，進行環境的重建，以及對社會面向有較深入的理解。」S. Wearing. *Volunteer Tourism: Experiences that Make a Difference*. 2001。轉引自張利安、賴樹盛。《台灣青年走向海外服務專業之路——以泰緬邊境資訊志工團為例》。行政院青輔會青年公共參與學苑二〇〇七年「青年公共參與議題」研究獎助計畫書。二〇〇七，頁四。

由志工開始的田野是崎嶇的、是缺少準備的，甚至可能有著潛在的倫理問題。但志工開始做田野後，會開始對地方產生不同的認識，藉由參與社區活動，和原本的志工活動產生呼應，也能讓志工團在看見社區各種面向和實際狀況後，依據現況調整服務方案，對於「服務設計」、「課程教學」、「志工倫理」、「反思」，都是利大於弊。

泰北這群充滿愛的叔叔阿姨們，接住了那個初入田野荒誕而無知的我，而我也發現，相對於「國際志工」這個黃金甲，唯有承認自己是那樣的「荒誕與無知」，才能真正認識社區裡的每一個人事物。

在那之後，跳舞成了團隊的例行活動，不用上華語文課的假日晚上，我們會到活動中心跟阿姨們一起跳舞打歌。在舞步逐漸跟上大家的時候，離開的日子也近了。

在離開泰北的當天早上，我到洪阿姨家與她道別，說著下次來美斯樂大概是明年寒假了吧？阿姨先是熱情地邀請我吃點米干、喝碗湯再離開，然後急忙跑到房間裡東翻西找。我原本以為阿姨是突然想起什麼事得馬上處理，等沒多久，只見阿姨從房間裡拿出了幾條紅色的細線，每條細線上還有五個白色的小珠子，說是要給我的小禮物。

「戴著這個，回到台灣想我們的時候就可以看看它。」阿姨一邊說一邊為我綁上兩條紅色的線，「女生要戴兩條。」這個紅線是阿姨趁一位僧侶來泰北時去求來的，可以保佑平安，原本是要給清明返鄉的兒女，但經過這幾天的相處，阿姨覺得我也算是她的女兒了，所以希望紅線可以代替她照顧回到台灣的我。

兩條紅線戴到後來早已褪色，也沒有辦法再好好地綁在手上，但我與泰北、與美斯樂的緣分也就此

2018，大四那年我與我的兩位泰北媽媽的合照。我左手上的紅線即為洪阿姨為我繫上的紅線。圖左為洪阿姨，右邊為李阿姨。（李盈萱提供）

結下，而洪阿姨也成了我在泰北的媽媽，那個邀請我進入美斯樂、為我與泰北繫上紅線的媽媽。

第一次在泰北做田野、二十歲的自己，是一個對改變社會問題充滿抱負的小屁孩，身為社團重要幹部又多次帶隊參與相關活動，總會隱約散發一種自以為是的氣場，好像自己在相關工作上已經有多少經驗、多少獨到的見解可以分享。但在踏入田野後，我才發現自己始終只是一個到處被包容、到處被幫助的「台灣小娃」。

「你們又來了！什麼時候到的？這次會待多久？晚上要不要來家裡吃飯？」

這是我每次回到美斯樂，最常聽到當地人說的話，不知道從什麼時候開始，去泰北、去美斯樂，似乎成了疫情前我每年的固定行程。這裡是溫柔而暖和的，就算又做了什麼傻事說了什麼蠢話，總是會被溫柔以待。

而我之後到訪的行李除了營隊和活動的道具與教材，往往還會被我塞滿各式各樣阿姨們要的東西，從台灣零食、痠痛貼布、痠痛藥膏，到衛生衣、做鳳梨酥的模具、牛軋糖餅乾等等，都是希望能稍稍報答阿姨們對我的照顧，而我想，那條沒辦法綁起的紅線早已經烙印在我手上。

某次到洪阿姨家時，阿姨正好在跟她遠在曼谷的女兒視訊。看到我的出現，阿姨興奮地把手機交給我，一邊跟我介紹著那是她女兒，一邊跟女兒說著我是那個她提過的台灣小朋友。「謝謝你啊！每年都來陪媽媽，幫我照顧她，謝謝你喔！」洪阿姨的女兒在電話另一頭對我說。簡單的幾句話，卻讓我心中跑過無數思緒，原來這些跟阿姨相處，彼此用不太通順的語言聊天的時光，有著我從來沒想過的價值。

做田野 vs. 做志工

田野到底是一種研究方法、一種蒐集資料的形式？還是一種學習傾聽與觀察的過程？對我而言是後者吧！這次服務隊的田野經驗說不上對地方文化歷史脈絡有多深的認識，反而更像是一次在美斯樂的社區大冒險，在不同的家戶、店家與在地人對話，透過與叔叔阿姨們一起生活談天的幾個早晚，拼湊出另一個在書本和網路資料以外的地方輪廓。一個地方的樣子不會只有幾張照片、幾個名字或是幾段故事，而是身在其中時與在地人一起發生的種種與記錄下的大小事。這些彼此尊重、珍視的記憶，才讓每次的田野與每筆資料變得彌足珍貴。

對很多參與國際志工的青年來說，在初期準備階段，可能會對志工服務懷有太多理想抱負，認為擔任志工就能解決問題，但其實國際志工該做的不是解決社會問題，也不只是所謂「種下一顆希望的種子」，國際志工更該是一次放下成見、學習異文化的機會，透過交流與互動，從根本開始認識一個地方的價值與困境，並在有限的時間和自身能力許可下，呼應地方的需求。

因此，對於國際志工來說，田野調查成為學習地方和認識異文化一種很好的方式。雖然相對於帶著問題意識進入場域，這樣的田野調查看似沒有方向，卻能讓志工夥伴在田野中重新以地方角度思考，重新針對自己的起心動念和行動進行反思；也透過地方直接的反饋，了解下一步行動的方向與方法。

異文化的衝擊通常是志工意識到田野與自身原居地有所不同最快的方式。舉例來說，初次到泰北時，我看到許多年紀很小的孩子騎機車上學，心中相當震驚，一方面擔心他們的安危，一方面也思考著為什麼會有這樣的現象。後來才知道，許多孩子因為父母工作繁忙或外出打工，需要自己上下學，再加上這裡的地形，「機車」成了最方便的交通工具，所以許多學生在跨上機車、腳踩得到地之後，便會開始騎機車上下學，甚至還會接送年紀比自己小的弟弟妹妹們。

面對類似的異文化衝擊，無論是價值觀、飲食習慣或其他方面，志工需要學習以在地角度思考，試圖理解每一種現象或是習俗的發生，與地方的文化脈絡或歷史有一定的關聯。

志工團隊當然也會因為對田野地事先的調查、認知有所不足，而在進行地方調查和提問時，更容易有冒犯的可能。

「這些問題之前好多人來問過，啊，你們問這個要做什麼？之前很多人都來問我問題，然後資料拿一拿就不見了啊！再也沒看過了。」某次在當地茶家詢問地方歷史時，茶家的負責人這樣回應我。那是我第一次的訪問閉門羹，在羞愧自己是否冒犯在地、擔心自己是否觸碰到當地人底線時，我也開始認真思索訪問題目、訪問原因。

「服務學習的IPARD模型中共有五個步驟，分別是調查、準備、行動、反思、論證和評估。」[2]其中，反思環節對於志工團隊而言十分重要，將影響團隊如何在後續進行論證評估，調整未來的服務方案與內容。但在過去經驗中，志工團所反思的內容與方向，多限縮在服務對象、學校，偶爾才有對於地方側面觀察的反思。相對地，在我們的泰北志工團隊開始進行田野訪調後（當然，是很初淺非專業的訪問調查），反思行動的內容和議題得以擴大到整個服務社區，包含團員拜訪社區各種年齡層、工作類型的居民，這些讓我們能以更全面的角度看待一個社區，而非只是把對地方的認識與調查侷限在學校和校方相關人士。

當志工團隊的調查訪問開始因為自身前置作業不足，或其他問題而開始碰壁時，雖然會對部分隊員帶來困擾，或會有人開始質疑做訪問的意義，卻給下次出隊前多了一項重要的準備工作，也讓服務團隊正視自身視角與實際地方現況的落差，強化大家調整服務方案、重新進行設計的動機。

參與田野調查的國際志工絕非問題設計與訪談的專家，如同在地方帶來的各式荒誕，田野和提問的過程中，荒誕也絕不會缺席。可是這也一再地呼應了國際志工的角色：唯有真誠與地方交流並正視每個來自地方的回饋，所謂的志工服務才有存在的價值。而也是透過田野工作，才能讓志工夥伴在面對社區和地方時，更能以「與在地學習」、「與地方溝通」的角度出發，也更意識到所謂的「志工」並不代表你是來改善或是調整當地，以此開始真正地去認識地方。

另一個例子則是老師和學生的互動。我們剛進入當地學校時，時常會看到當地老師在講課期間拿著教鞭，嚴肅地對學生說話，相對於台灣強調的高互動、反對打罵教育的教育現場，那時，許多志工對於這樣的教育模式十分反感。但藉由訪問，我們有機會了解當地老師與學生家長的態度，才發現老師不是真的要打學生，而是他們認為面對一班

---

2 Jane L. Newman, John Dantzler & April N. Coleman. "Science in Action: How Middle School Students are Changing Their World Through STEM Service-Learning Projects", *Theory Into Practice* 54(1, 2015): 47-54.

四十多位學生，教鞭是學校教師人力不足下，最簡易的管理方式；而家長也會覺得把小孩全權交給老師管理，只要小孩表現好，也不用擔心被責罰。

另一個在校園中常見的教育理念衝突是對課程執行方式的想法落差。台灣志工團很喜歡用帶活動、分組討論或玩遊戲的方式來帶動課堂，但某一次上課時，學校主任進到了志工的課堂中，要求他們把課桌椅恢復原位，並表示這樣的上課模式其實「擾亂學校秩序」，會干擾到其他班級。在那個當下，志工夥伴是憤怒且灰心的，他們覺得自己辛辛苦苦準備的教案被破壞與否定了。但若回到事件本身，校方只是更「習慣」原先的教學形式，並且認為學校現有人力無法負擔帶動課堂的教育方式，所以才會做出這樣的反應。

若提早有田野工作的加入，或是更多志工與地方的對話、更深刻地了解當地的教育想像，就不會總是把自己塑造成來「改善當地」的角色，志工們在教學上面臨的衝擊就會降低很多，也可以及早了解校方對於不同教育模式的認知與態度。更進一步，以教學為主的志工團隊不該只把自己限縮在校園中，田野工作對志工而言不只是核對自身的教育方案是否符合學生需求，而是透過與地方的對話，諸如飲食、宗教、地方產業、教育議題等等，讓志工團隊廣泛地建立對地方的認識，也讓地方的聲音從學校擴及到社區中的其他居民。

許多人詬病志工團隊帶來的「服務汙染」，認為僅到訪一次的國際志工團隊很難提供地方實質的「服務」，每次為期幾天至多一、兩個月的服務很難創造真正的改變，甚至許多參與者並未抱持著適當的心態便開始了旅途，往往對地方造成傷害。

對我而言，國際志工無論長短，也無論團隊本身的成員素質或組織內部的傳承狀況，將始終是地方的過客，在地發展的方向仍應該由地方決定。但若能透過田野調查更深入認識地方，仍能讓志工對自身的到訪和服務企畫有更深的反思，也讓地方直接提出問題或需求，縮減志工團隊可能造成的服務汙染。

對於長期志工或長期深入地方的田野工作者而言，田野是與地方建立關係、認識地方的方法，短期志工的田野工作則是補足想像與現實落差的工具，雖不用像長期志工或田野工作者那樣深入特定議題，但能看見地方真實的樣貌，也能進一步反思自己帶到地方的教案或方案是否真正適合。

我始終對國際志工的存在抱持著正面的想法，也始終相信每個地方都有自己的個性與魔力，能為每個志工夥伴繫上那條屬於自己與獨特地方故事的紅線。田野則是讓志工與地方的關係可以有更平等、更相互尊重與理解的可能。當志工不再只把自己看作帶來幫助、帶來改變的角色，而能真正走入地方，傾聽地方的聲音時，才是志工服務真正開展的時刻。

從失敗開始接近地方

在歷經五次的國際志工經驗後，我才深刻地意識到，地方發展工作對我有著強大的吸引力。或許是在泰北的日子堆砌出太多難忘故事，也或許是在無數次與夥伴、與團員、與地方的衝撞和討論後，意識到了自己的不足與價值所在，在升大四的暑假，我脫離了國際志工社原有的服務隊，以自組團隊的形式再度到訪泰北，藉由成立「樂。斯屬」

團隊，期望與地方共同推動發展計畫。

相對於國際志工團隊時是在華文學校辦理活動之外的時間走訪社區，這一次的計畫以「地方認識」和「地方調查」為目標，根據泰北在地「產業」、「文史」、「華語文教育」三項議題，於寒暑假期間在當地進行了調查。這些調查並非以學術研究為目標，而是以全面性的認識地方和了解地方居民意見為目的，初步運行相關計畫時，也期許在更大量的資料蒐集後，建構更符合地方需求的在地長期計畫；也是透過之前幾次的田野經驗，更有方法、有目標地認識地方。

然而，真正開始深入地方進行調查才是挑戰的開始。

不同於志工隊時期，田野是志工團用以探索地方、踏出舒適圈和認識地方的方法。現在，田野是我們希望與地方創造共作可能的工具和理念，除了要認真設計訪綱、更熟稔地進行訪談、更詳盡地記錄資訊、更仔細地分析資料，最重要的是要確保我們使用的方式是適合地方的。在這些「需要」之下，我們也開始真正在地方面臨失敗和新挑戰。

第一重的失敗：如何找到「適合」地方的溝通方式。

地方是個充滿多樣性的存在。一般人想像中的訪談或許就是兩個人面對面，受訪者根據訪問者的題目一項項回答問題，但在地方的訪談需要根據對方背景和習慣的不同，不斷滾動調整訪談方式，也更需要透過田野方法中的「觀察」技巧，藉由實際「參與」當地人生活的方式來獲得各項需要的資料。這個階段的田野與其說是工具與方法，更像是一個幫助我們走入地方的理念。

所以除了透過傳統的方式到叔叔阿姨們的家中或店裡拜訪，我們也嘗試辦理居民共識營，希望集合不同背景的在地人，共同討論一項團隊想了解、調查的議題。一開始我們是透過傳單、熟悉地方人士的協助來宣傳共識營，但或許是對當地人習慣溝通與聚集的方式不夠了解，也或許是沒有找到適合的在地群體，未能如我們計畫般進行，許多當地人以有工作要忙、或覺得他們的意見不重要為理由拒絕。最後，我們與打歌團的負責老師溝通，她同意讓我們在跳舞活動後舉辦一次共識營。

雖然對打歌團的阿姨來說算是半強迫參加，但還是讓團隊有了第一次新形態溝通的嘗試。也是在這次透過打歌團成功地聚集人群，我們發現過去志工團時期所累積的田野經驗和人脈成了這次共識營得以舉辦的重要原因。正是因為團隊過去常常參與打歌團的跳舞活動，也多次協助打歌團地表演，加上有老師作為號召，跳舞活動結束後願意留下來參與共識營的阿姨人數也比預期多。此外，因為當地多元文化背景，大家原先擔心部分阿姨如果只會講泰語、緬語或其他少數民族語言，過程中可能難以溝通導致無法順利進行，也在一些已經與我們熟識的阿姨協助翻譯下，讓不懂華語的少數民族或只聽得懂泰語、緬語的阿姨們得以聽懂。

「你們不應該問我們什麼要改變、想要什麼，你們可以提供我們方案，我們才可以跟你們說適不適合、哪裡要調整。」共識營過程中與當地阿姨們討論美斯樂地方發展議題時，一位阿姨這麼回答。那個當下，我有著些許的錯愕與羞赧，是不是自己哪裡沒做好？還是哪個環節搞錯了？

是不是又失敗了？我們在心裡想著。

當時的我急著想透過地方訪談和調查，來評估、調整團隊現有的計畫，並確定地方的需求。但地方人士對於問題的理解和想像往往與最初的問題設計有落差，有時會出現問題太大或太難，居民們無法回答或只能簡單回應的狀況。但就如同過去所有經歷，無論進到田野的時間再長，或已經累積多少的資料和經驗，始終需要不斷地調整計畫和做法，來適應每個情境的需求。

這次共識營的經驗也讓團隊了解，田野不是一成不變的問問題或拜訪誰，而是透過參與在地活動、透過與在地人相處，實際認識他們的想法，同時藉由回饋，進一步修正我們參與地方、與地方溝通的方法。其實這次的共識營也標誌著團隊與地方的關係從「我的意見不重要」到「你們可以提出方案給我們討論」。這樣的改變，其實說明了我們與地方的關係悄悄地前進了一步，也讓我們與地方的溝通模式慢慢長出新的樣貌。

第二重的失敗：面對現實和接受自身能力的不足。

共識營雖與原先的預想形式和樣貌有所落差，但團隊有機會在過去基礎上與更多阿姨們有不同的溝通、討論機會，比如讓我們發現了當地對「森林保育」的想法與重視。當地長期缺乏水源和水利設施，引水的問題讓地方人士多次組織巡守隊，也組成種樹團隊，希望能在山裡種植更多的樹木。二〇二〇年爆發的 Covid-19 疫情也對地方帶來影響，包含從事茶葉販售、制服販售和其他旅遊相關產業的阿姨，都紛紛對此表示擔憂。

森林保育和疫情對地方經濟的衝擊都是當地人非常在意和有感的議題，卻都是團隊資源與能力無能解決的。但對「樂。斯屬」而言，這些更深入的地方調查並不只是要了解地方各樣的社會議題，或解決每一個在地問題，而是在於更深入地與地方建立關係，在未來進一步創造「共作」的可能。田野協助我們在調查之餘，找到與地方溝通的方法，更能聽見、看見地方實際的需求。

不過，另一方面，當團隊有意協助或開展相關計畫，其他需要面對的現實，則為我們迎來了第三重的失敗。

泰北移民村獨特的歷史背景讓這裡的居民相當重視歷史，但團隊在蒐集資料過程中，卻發現當地博物館有不少藏品資料受蟲蛀，或因長期曝曬而有褪色等問題。我們與地方文史館聯絡，提議協助將館內的資料整理並數位化。除了想真正投入地方工作，讓地方看見團隊與地方共同成長發展的意願，也能將田野的發現轉換為對地方有實質助益的行動，讓田野資料不只是一行行的文字。

「這個資料我是不給別人的喔！這很珍貴，你們處理好要儘快還我。」團隊在當地博物館進行資料數位化時，發現館方有一批過去研究者錄下的當地老兵口述歷史卡帶。在我們與館方建立了兩年的關係後，館方終於願意讓我們將兩卷卡帶帶回台灣進行數位化整理。後來館方因為其他顧慮，並未將剩下資料交給團隊進行整理和數位化。不過成功數位化的兩卷卡帶仍是我們與地方關係進步的指標，也再一次說明了田野工作不僅是調查或認識地方，更可以實際帶來改變、加深連結。

雖然團隊後續沒有繼續與博物館開展其他計畫，在數位化了館內數百筆的文獻、照片後，彼此合作就劃上了休止符。但兩年多來的互動，的確讓我們得以從另一個視角看待地方與文史的關係，並建立出過去未曾想過的合作。

成立「樂。斯屬」後，除了深刻感受到從事地方發展工作所要面對的阻礙絕對超乎想像，不同於國際志工時期田野調查作為一種與地方建立關係及修正服務計畫的形式。現在，田野調查除了有前述的兩項功能外，更成為團隊真正調查分析地方、認識在地議題十分重要的工具，無論是試圖推動新形態的訪問形式，或是藉由服務提供來建立關係與開創合作的可能，田野調查的資料成果是提供團隊方向並確定工作項目的重要依據。地方的反饋也讓我們持續修正田野方法，逐步確認後續的計畫方向。

田野工作不只讓我們走入地方、參與地方，更讓地方價值實際被看見。調查及訪問的過程中，很常獲得「我的意見不重要」或「這裡沒什麼東西」之類的回答，看似空泛而無解的回答中，其實包含著回答者面對地方發展議題的無力。如同共識營中阿姨對我們提問方式的建議，很多時候，他們並不是真的沒有想法或覺得自己說的話沒有價值，而是需要一個更明確的提問來引導回答。

在逐步了解地方需求和在意的議題後，我們根據自身能力，將工作定位在「文化」與「教育」兩大面向；前者標示著泰北移民村獨特的「孤軍」歷史和多元民族，後者則直指偏遠地區教育資源長期不足的困境。從田野中我們得知「當地人有超過九成的居民認為讓孩子了解自己的歷史很重要」，所以花了三年時間將泰北文史進行整理，在詢問多位當地文史專家和學者後，以故事的方式，白話地將歷史重新梳理成能讓華校學生理解的說法。

「哇！我之前都搞不懂這裡的歷史，現在看這個清楚很多。」當地一位三十歲出頭、剛繼承家族茶產業幾年的姊姊，看了我們的文章後向我們說道，並積極地把文章轉傳給家人和地方群組。過去，他們常會無法回答關於自身歷史的相關問題，看了整理後的資料，現在能較順暢地跟我們分享自己對於當地文化傳承和讓青年了解地方文史的想法。

對於我們而言，地方參與行動不再只是過去參與志工活動裡所謂的「教學志工」、「社區志工」，而是能實際藉由田野了解地方關心的議題，並與地方共同討論，提出地方有興趣參與的方案，或由我們參與地方正在進行的社區計畫與方案。

我想田野之於地方發展工作最有趣的地方便在這裡，藉由訪問，能初步了解地方對各項議題的想法和理念，再藉由參與式觀察，實際在參與地方活動的過程中（如協助博物館數位化資料、與阿姨們一起販售茶葉，或單純跟社區的人們話家常）看見地方的需求，以及當中所蘊藏的其他問題。在我們分析當地社會議題的成因和尋找解方時，也持續地發掘地方價值，透過理解地方居民的回應，和試著深入分析每個回答背後的原因，找到困境和無解背後的潛在可能。

也是這些調查工作，讓我們更拓展了在地人脈，從當地茶家、茶店、華文學校、博物館到地方發展協會，團隊也才能慢慢歸結出適合的行動方針。

在田野中面臨的失敗絕非對田野工作或地方參與的否定，反而是協助我們找尋方向、延伸地方參與可能的機會。田野讓「樂。斯屬」定調了團隊的工作方向，希望藉由多元教育理念，做一個陪伴青年認識地方，並培力青年發展地方的非營利組織。

不過二〇二〇年肆虐全球的 Covid-19 疫情讓「樂。斯屬」後續的計畫推展屢屢碰壁。在重新評估團隊資源與地方需求後，我們決定以線上的形式延續青年培力計畫，藉由一系列主題課程，從在地文史到各項技能，建立「泰北線上培力課程」，並與泰北僑生合作，成功讓這套「泰北線上培力課程」走入當地華校，成為同學的必修課，也讓團隊成功地開啟與在地華校的「共作」。

「泰北線上培力課程」獲得了不錯的迴響，有參與同學因此對自身背景感到好奇，有同學對地方歷史背景提出疑問，我們也藉由這項課程成功與學校老師建立了新的合作關係，而這項數位化課程也成了我們持續「田野」泰北教育場域和青年發展議題的工具。

在「樂。斯屬」開展和逐漸茁壯的過程中，過去的田野經驗和故事是支持團隊持續下去的最主要原因，正因為真實地與在地居民一起喝過茶、話過家常，才能不斷地在每次計畫碰壁、有挫折時，再度修正前行。

田野之於非營利組織是一個重要的資產與資料庫，其中蘊藏著的地方人脈、地方特色和地方困境都是建構起組織計畫的重要磚牆，藉由田野資料來設計方案，再根據方案田野的成果進行修正，然後藉由田野累積的人脈推動計畫，在不停循環、豐富資料庫的過程中，用另一種模式與地方進行共作。

「做田野」開啟了我們與泰北的關係，也讓我們看見了地方價值與多元需求，更讓我們在今日能自信地帶著田野教會我們的視野與能力走入校園、走入更多泰北社區。

田野中學不會的功課

很多人會問我，「為什麼是泰北？為什麼不是台灣或是其他地方？」而我總說不是我選擇了泰北，而是泰北選擇了我。

到泰北當國際志工從來都不是一個精心設計後的選擇，而是一個因為機會而開展的緣分。我也從未在到訪泰北前或第一次到泰北時，就下定決心要從這裡開始建立一個非營利組織，畢竟當時的自己大概正忙於思考如何找到往美斯樂的路，和如何順利的完成營隊活動。對今天的我而言，泰北是我的起點，是一個因為看到當地社會狀況而決定面對和試圖提出解方的自我挑戰，是一個陪伴我成長、學習待人處事，和從他人視角認識世界的地方，更是一個包容著我、給我能量的地方。在泰北，可以說我在當國際志工，可以說我在做田野蒐集資料，也可以說我在認識多元文化、體驗人生，但我會說自己其實是在泰北被叔叔阿姨們愛著。與其說我不想只做他們的流星，不如說我不想他們只做我生命裡的流星。

其實在國際志工、發展工作和非營利組織外，有一種田野關係是我還在試著學習並嘗試面對的。

認識了那麼多泰北的叔叔阿姨，他們總會笑著說我們是他們在台灣的小孩，也總會在過節和想念時傳幾則長輩圖或語音訊息給遠在台灣的我。與泰北叔叔阿姨的關係看似會一直持續下去，但必然會有離別的那天，那個再也沒機會見面的一天。

「你跟叔叔阿姨們那麼好，如果哪一天他們離開了怎麼辦？」某次在泰北，一位夥伴突然問我。當時我簡單回答帶過，其實我從來沒有好好想過這個問題，也從來沒勇氣好好地面對這一題。

田野對我而言是一個充滿無限生機的存在，不管到訪泰北再多次，仍然總會得到意想不到的收穫。但面對與「生」相反的「死」，我好像還沒有一個應對的策略。泰北有幾位阿姨的Line很常更換，或許是換手機、或許是不太會操作通訊軟體，總有幾次要傳訊息時發現聯絡人已經變成了「沒有成員」。在疫情前可以每年都到泰北的情況下，我總會再跟阿姨加一次Line，然後幫阿姨解答一些關於手機使用和通訊軟體使用的疑問。疫情那兩年，「沒有成員」成了我最害怕的Line聯絡人，畢竟那是我與泰北阿姨們唯一的聯絡方式，就算可以跟其他阿姨詢問某個阿姨的狀況，但能親自聯絡到每一個人、和她們聊聊近況，才是最直接知道她們生活狀況的方式。

「盈萱，大哥離開了你知道嗎？」某一日在與民宿大哥的妹妹進行線上訪問，要分享「樂。斯屬」計畫的規畫與執行狀況前，我突然得知了這項消息。那一瞬間，我的腦袋空白，明明不久前才跟大哥聊天，才聽大哥說他剛從醫院回家身體不太舒服，我還叮囑他好好休息，怎麼下一次的消息就是大哥離開了？

那次介紹「樂。斯屬」計畫的訪談進行得很順利，但那晚我卻失眠了一夜，雖然早已知道大哥身體的狀況，卻仍然不知道該如何面對這項消息。這次Line的聯絡人資訊並沒有變成「沒有成員」，但我卻知道，下次到美斯樂時，再也不會有同一個人瀟灑地坐在民宿門口熱情歡迎我。到美斯樂的路線至今我已經探索了三種不同的方式，大概也不會在上山時迷路了，但就算下次迷路，大哥也不能再在民宿等我們一夜，直到我們平安抵達。

民宿大哥是我在美斯樂認識的第一個人，是那個陪著我們面對語言不通、面對迷路和面對初到美斯樂陌生環境的人，也是我在美斯樂認識的人當中第一位離世的人。

對我而言，我不是在很會做田野、很會問題設計後開始做田野。相反地，我是跟地方學習怎麼做田野。從地方阿姨的邀請到後來的訪談、資料蒐集與計畫開展，都是泰北每一個人，一點一滴點地教會我的，也是因為這樣的出發點，我們與地方的關係從來不是上對下的「我幫你、我教你、我給你」，而是讓地方成為計畫的主體，由地方告訴我們該如何行動，也試著讓每次的行動成果都有地方的參與。

離別是我在田野中還學不會甚至逃避面對的議題，但也直到第一次生離死別的出現，都仍是田野帶給了我這項消息，也是田野給我沉默的空間，帶著我用過去的回憶一點一點地消化這項消息。

二〇二二年中，疫情趨緩，我又踏上了泰北的土地，那個瞬間感受到的熟悉與快樂，看著繚繞山丘的雲霧，我知道我回家了。田野在當下不是動詞的「做田野」，而是名詞的「田野」，是我腳下的土地、是我周遭的泰北家人。這次回家，當地換了幾個店面、多了一些房子、幾個教過的學生結了婚，但不變的是暖暖的歸屬感；我又多認識了一些人、多去了一些人家、一些店，也去了大哥墳前，我認識的第一個美斯樂人。而這次我也有了第一把在美斯樂的鑰匙，通往我的泰北媽媽為我敞開的家，也通往我每次回家的路。

田野教會我太多事情，讓我在長成一個理想的自己的路上，無數次地被接住、被善待，也無數次讓我有勇氣持續前行。

所以什麼是田野、什麼是調查？我想是一趟不停失誤犯錯，又不停收穫的過程吧！

國際志工做田野，可以看見舒適圈外的世界，認識地方，也可以在探索地方的同時，有更多反思服務方案、優化服務方案的機會，讓志工夥伴能從地方的角度出發思考自身計畫，也減少可能對地方帶來的負面影響和服務汙染。

非營利組織做田野，是確立服務方案、評估服務成效的方法，更是與地方持續溝通的過程，讓地方也能參與組織的在地計畫，讓長期方案從地方的視角出發，達到社區參與、共作的可能。

而無論是誰做田野，都能從過程中找到田野地的特色，也能重新看見自己、認識自己。

感謝泰北，邀請我到其中「做田野」。

我在美斯樂的家，後陽台看出去的茶園景色與山景。(李盈萱攝)

李盈萱
Lee Ying-hsuan

台北人，從小在台北成長、就學。高二那年第一次到雲林擔任志工，也開啟了日後大學參與國際服務的契機，更因此找到了自己、找到了方向，開始能用更廣闊的視野認識世界。因為對發展工作的興趣和理想，開始認識「田野工作」與「田野方法」，成了政大民族所的研究生，也於2021年在台灣成立了「樂。斯屬」協會，繼續在國際工作和區域發展工作中努力前行著。
田野不是我的工作而是回家的過程，20歲是我第一次到泰北的年紀，而這幾年是泰北的叔叔阿姨跟孩子們一路陪著我成長、陪著我田野，更帶著我看見了自己愛與被愛的不同樣貌。本章獻給泰北的阿姨叔叔們，是你們才讓這些故事與篇章得以發生。

左岸｜人類學 359

異地安身

台灣的東南亞田野故事

主　　編　高雅寧
作　　者　許容慈、徐俊文、宮相芳、黃素娥、
　　　　　譚氏桃、李盈萱

總 編 輯　黃秀如
責任編輯　孫德齡
企畫行銷　蔡竣宇
校　　對　文雅
封面插畫　柳廣成
封面設計　陳恩安
內文排版　宸遠彩藝

出　　版　左岸文化／遠足文化事業股份有限公司
發　　行　遠足文化事業股份有限公司（讀書共和國出版集團）
　　　　　231新北市新店區民權路108-2號9樓
電　　話　（02）2218-1417
傳　　真　（02）2218-8057
客服專線　0800-221-029
E-Mail　rivegauche2002@gmail.com
左岸臉書　https://www.facebook.com/RiveGauchePublishingHouse/
團購專線　讀書共和國業務部　02-22181417分機1124

法律顧問　華洋法律事務所　蘇文生律師
印　　刷　成陽印刷股份有限公司
初　　版　2023年7月

定　　價　380元
I S B N　9786267209462（平裝）
　　　　　9786267209486（EPUB）
　　　　　9786267209479（PDF）

國家圖書館出版品預行編目資料

異地安身：台灣的東南亞田野故事 / 許容慈, 徐俊文, 宮相芳, 黃素娥, 譚氏桃, 李盈萱著；高雅寧主編. -- 初版. -- 新北市：左岸文化出版：遠足文化事業股份有限公司發行, 2023.07

256面；14.8×21公分. -- (人類學；359)

ISBN 978-626-7209-46-2(平裝)

1. CST: 文化人類學　2. CST: 移民　3. CST: 田野工作

541.3　　112009199